[法] 米莉 · 卡布罗尔等 著 [法] 卡米耶 · 拉杜斯等 绘 焦 旸 译

去旅行 2

广西科学技术出版社

著作权合同登记号 桂图登字：20-2016-378号
À toi la Norvège ! ©2012, Editions Milan, France
À toi la Russie ! ©2012, Editions Milan, France
À toi l'Inde ! ©2012, Editions Milan, France
À toi le Maroc ! ©2011, Editions Milan, France
À toi le Portugal ! ©2011, Editions Milan, France
À toi le Sénégal ! ©2010, Editions Milan, France.

图书在版编目（CIP）数据

去旅行2 /（法）米莉·卡布罗尔等著；（法）卡米耶·拉杜斯等绘；焦旸译．—南宁：广西科学技术出版社，2017.10（2020.3重印）
ISBN 978-7-5551-0821-4

Ⅰ．①去… Ⅱ．①米… ②卡… ③焦… Ⅲ．①儿童故事—图画故事—法国—现代 Ⅳ．①I565.85

中国版本图书馆CIP数据核字（2017）第179409号

QU LÜXING 2
去旅行2
[法] 米莉·卡布罗尔等 著　[法] 卡米耶·拉杜斯等 绘　焦旸 译

策划编辑：蒋　伟　王滟明
责任编辑：丁胜杰　付迎亚
营销编辑：芦　岩　曹红宝
版式设计：于　是
责任校对：张思雯
视频制作：尹霄霄
责任审读：张桂宜
版权编辑：尹维娜
封面设计：嫁衣工舍
内文排版：孙晓波
责任印制：高定军

出 版 人：卢培钊
出版发行：广西科学技术出版社
社　　址：广西南宁市东葛路66号
邮政编码：530023
电　　话：010-58263266-804（北京）　0771-5845660（南宁）
传　　真：0771-5878485（南宁）
网　　址：http://www.ygxm.cn
在线阅读：http://www.ygxm.cn
经　　销：全国各地新华书店
印　　刷：北京利丰雅高长城印刷有限公司
邮政编码：101111
地　　址：北京市通州区光机电一体化产业基地政府路2号
开　　本：850mm×1000mm　1/16
印　　张：13.25
字　　数：200千字
版　　次：2017年10月第1版
印　　次：2020年3月第10次印刷
书　　号：ISBN 978-7-5551-0821-4
审 图 号：GS(2018)1074号
定　　价：108.00元

服务电话：010-58263266-805　团购电话：010-58263266-804

目录 — CONTENTS

1 跟我游俄罗斯 >

2 跟我游印度 >

目录

CONTENTS

3 跟我游挪威 >

4 跟我游葡萄牙 >

目录

CONTENTS

5 跟我游摩洛哥 >

6 跟我游塞内加尔 >

去旅行

你知道俄罗斯小朋友怎么过新年吗？听说过严寒老人吗？想不想知道套娃的来历？你坐过连续行驶 7 天的火车吗？想不想尝一尝俄罗斯独特的饺子？地域广阔的俄罗斯，那里的人们生活方式是怎样的？跟着达莎和菲迪亚开始我们的俄罗斯之行吧！

跟我
游俄罗斯

[法]丹尼斯·克罗尔·特尔扎吉(文)
[法]卡米耶·拉杜斯
[法]朱利安·卡斯塔尼耶(绘)

去旅行 2

欢迎来到俄罗斯

你好，最近怎么样？带上好心情，跟我们一起出发吧！去看看那个面积广大、热情好客的俄罗斯。

你好，我叫达莎

我叫达莎，达莎是达利娅的缩写。等到12月份，我就11岁了，我住在莫斯科。一般爸妈下班回家后，我就会同妈妈玩杜拉克（一种俄罗斯人喜欢在家里玩的游戏）或者同爸爸下国际象棋。如果他们不在家，我也不会感到孤单，因为奶奶会来照顾我。我一边看少儿节目一边吃奶奶准备的糕点，别提多开心了。

你好，我叫菲奥多尔

我叫菲奥多尔，但是大家都叫我菲迪亚。我今年9岁，生活在波奇诺克镇。我们镇在莫斯科西南约400千米。我的父母在农业合作社工作（很多农民在那里工作）。他们工作的地方距离我们家很近。我们的房子是俄罗斯式的小木屋，有非常漂亮的窗户。爸爸偶尔会去森林里采蘑菇，然后去市场卖。我很喜欢陪他一起去森林，但又怕遇到熊。不过，这事还没发生过。

一边是清晨，一边是傍晚

俄罗斯的面积非常广，从东到西有9000千米，它国土的东西长度整整跨越了9个时区。也就是说，你所在的地方和其他地方的时差可能很大，例如在西部的圣彼得堡8点的时候，远东的阿纳德尔已经17点了。

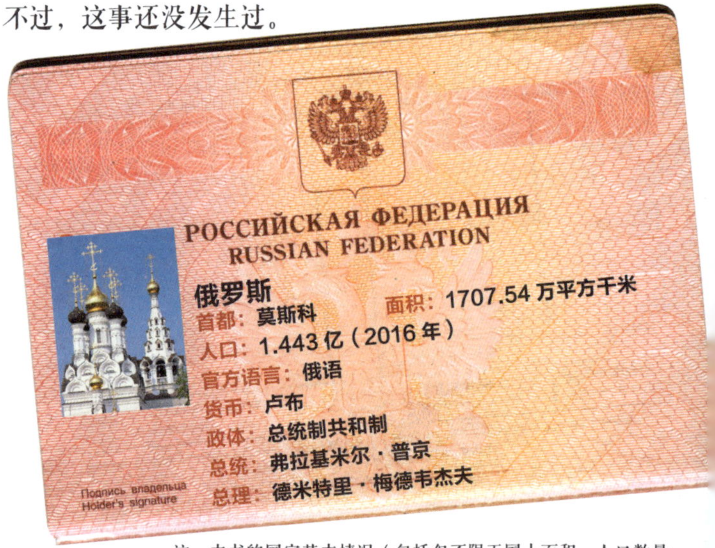

РОССИЙСКАЯ ФЕДЕРАЦИЯ
RUSSIAN FEDERATION

俄罗斯
首都：莫斯科
面积：1707.54万平方千米
人口：1.443亿（2016年）
官方语言：俄语
货币：卢布
政体：总统制共和制
总统：弗拉基米尔·普京
总理：德米特里·梅德韦杰夫

Подпись владельца
Holder's signature

注：本书的国家基本情况（包括但不限于国土面积、人口数量、国家元首及其他领导人等）均为2017年9月前信息。

大陆性气候

我们的冬季漫长而寒冷，夏季炎热而干燥。但是不同地区的温度会有很大差别。在北部，有大量的冻土；而在南部，在黑海沿岸可以种植棕榈树。

注：本书所有地图均引自原版书。

从沙皇到铁腕总统

我们国家经历了漫长的专制统治，经过不懈的努力和斗争，我们现在生活在民主社会。

dvariéts 皇 宫

叶卡捷琳娜宫殿位于圣彼得堡附近，曾经是伊丽莎白一世和叶卡捷琳娜二世的寝宫。前者是彼得大帝的女儿，在 1756 年修建了这座宫殿；后者则在此基础上扩建了这座美丽的花园。

沙皇统治下的俄罗斯

1547 年，莫斯科大公伊凡四世加冕称沙皇，使俄罗斯成为一个独立的国家。从 1613 年到 1917 年，是长达 300 年的罗曼诺夫王朝。俄罗斯在罗曼诺夫王朝的统治下，逐渐走向强大。1721 年，彼得一世宣布俄罗斯成为帝国，走上了对外侵略扩张的道路。1917 年，布尔什维克党（后改称俄国共产党）领导人民发动了二月革命，沙皇尼古拉二世不得不退位，罗曼诺夫王朝被推翻。

roubli 卢 布

1 卢布等于 100 戈比（相当于 1 元=100 分），俄罗斯人喜欢使用现金，兜里总是揣着零钱。

历史大事记

882 年： 诺夫哥罗德部落公国首领奥列格兼并基辅，建立了基辅罗斯。

1547 年： 伊凡四世改大公称沙皇，成为第一位在莫斯科加冕的俄罗斯国王。

1613 年： 米哈伊尔·罗曼诺夫建立了罗曼诺夫王朝。

1917 年： 二月革命和十月革命爆发，最后一位沙皇尼古拉二世被推翻，世界上第一个社会主义国家成立，称“俄罗斯苏维埃联邦社会主义共和国”。

1922 年： 苏维埃社会主义共和国联盟正式成立，简称苏联。

1991 年： 苏联正式解体，俄罗斯联邦成为独立国家。

从罗斯到俄罗斯

俄罗斯的历史伴随着无数被侵略的历史、不断的征战和边境冲突。逐渐地，维京人和沙皇统治下的俄罗斯开始通过战争的手段扩充自己的疆域，从最初的基辅罗斯直到今天俄罗斯成为世界上国土面积最大的国家。

flag 国 旗

国旗的图案是1699年由彼得大帝设计的，有一种说法认为，国旗的三种颜色分别代表寒带、亚寒带和温带，象征俄罗斯幅员辽阔。

苏联的建立

从1918年开始，共产党掌握了国家政权。为了消除贫富差距，共产党不再承认企业私有化，而要求全体劳动者都在政府所有的土地上工作，并且领取同样的报酬。从1922年到1991年，俄罗斯都只是苏联的一部分。

新俄罗斯

1985年掌权的戈尔巴乔夫决定将土地交还农民，承认企业私有化，允许多个候选人参加选举，但他的改革失败了，他将政权移交到叶利钦手中。1999年，叶利钦辞职，普京成为新总统。

核心词汇

沙皇： 俄国帝王的称号，1547年莫斯科大公伊凡四世正式称沙皇。1721年，彼得一世改称皇帝，但沙皇称号仍与皇帝称号并用。

共产党： 工人阶级的政党。根据马克思列宁主义的建党学说，共产党是工人阶级的先进部队，工人阶级的阶级组织的最高形式。

克格勃： 情报机关，存于1954年3月至1991年11月期间的苏联。其任务是掌握秘密警察，加强国内控制；以公开和秘密的手段搜集外国情报，进行间谍和反间谍活动。

苏联： 苏维埃社会主义共和国联盟的简称。1922年成立，1991年解体。其中俄罗斯联邦是最有实力的成员方。

prizidiênt 总 统

现任俄罗斯总统普京，四次被选为“全球最有影响力的人物”。执政以来，致力于复兴俄罗斯超级大国的地位，整顿经济，努力改善国际环境。曾就职于克格勃。

我们去上学吧

菲迪亚 9 岁，在上四年级，我上六年级，跟中国的小朋友就读情况基本一致。

我们的教育制度

我们在 3—6 岁时上幼儿园。之后，我们必须上小学。小学是公办的，有两种选择：一是通识教育小学，二是专业教育小学。在后者当中，我们将会加强一门课程的学习，如语言、文学或数学。比方说，如果我们选择了语言专业教育小学，从一年级开始，我们每周就会有 4 到 5 节外语课。

diên znanii

见面日

每年的 9 月 1 日是开学的日子，也是我们的节日——孩子们去见他们的老师，并为老师们献花。这一天很悠闲，我们不上课，我们会聊天，做游戏，吃点心。

在俄罗斯你应该上哪个年级？

6—7 岁	一年级
7—8 岁	二年级
8—9 岁	三年级
9—10 岁	四年级

成绩和奖励

我们课程成绩是 5 分制：5 分是最高分，1 分是最低分。成绩最好的学生每年都会获得荣誉证书，在毕业的时候会获得金牌或者银牌。

chkolnaya forma　着　装

学校不强制学生穿制服，但是男孩必须穿西装，女孩必须穿长裙和白衬衫。

在同一所学校待 11 年

在俄罗斯，小学 4 年，初中 5 年，高中 2 年。我们从小学到高中一直在同一所学校，一般表述为一年级到十一年级。在前 4 年，每次开学都不会有太大的变化，总是同一个老师、同一间教室。从五年级开始，我们每门课都会有专门的老师和教室。

考试

我们在九年级的时候，会有第一次考试。那个时候我们大约 15 岁。必考科目是数学和俄语，以及两门自选科目。考完试，我们可以选择放弃学业、读技术类学校或者继续读十年级，直到拿到相当于中国的高中毕业证的国家文凭。

课程设置

在通识教育学校，一周的课程，我们会学习俄语、文学、历史、地理、生物，当然还有数学（这是我们的主课）。在 7—10 岁的时候，我们才会学习第 1 门外语，然后偶尔会接触第 2 门外语。到了初中，女孩会学习厨艺和女红，而男孩则学习木工。不过，我们的计算机课是一起上的。

在学校的一天

周一到周六我们都要上学，但下午没有课。来看一看我们在学校的一天是如何度过的吧！

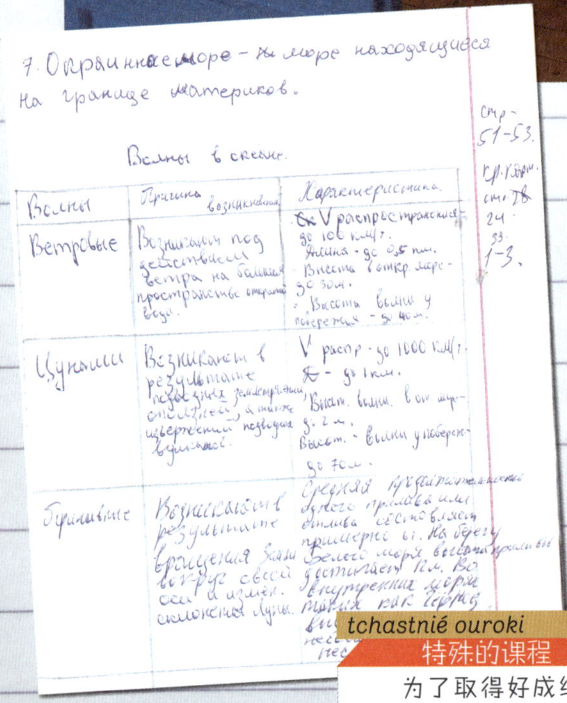

tchastnié ouroki

特殊的课程

为了取得好成绩，有些人会在放学之后参加补习。

8:30

我们来到学校的第一件事情，就是脱掉外衣和笨重的雪地靴，将它们放在门口的储物柜里，然后换上轻便的鞋，以免弄脏教室的地板。接下来我们会在教室里做健身操，然后才开始上课。根据年龄的不同，学校会在上午为我们安排 4 到 7 节课。每一节课都是 45 分钟，两节课之间有休息时间。

stolovaya 食堂

学校食堂会为我们提供汤、肉菜、土豆和水果。

假期

我们一年有 4 次假期：秋季和春季（10 月底和 3 月底）各 1 周；新年 15 天假期；在 6 月初到 8 月底，我们会有 3 个月的长假期，可以享受夏天的美好时光。

10：10

第 2 节课后，我们有半个小时的休息时间，可以吃早饭。很多人会带水果、橙汁、可可豆、小面包或者三明治。我们也可以去食堂买鱼、白奶酪可丽饼以及面包，面包有蜂蜜和果酱两种口味。

12：30

年龄最小的孩子只需要上半天课，这时他们可以选择去食堂吃午餐或者回家吃饭。其他孩子可以留在学校做作业到19点。

14：30

一般午餐后，会有很多人从事课外活动，或者玩电脑，当然是对那些有电脑的学生来说的。最重要的是，不要忘记做作业。

fizkoultoura 体育

我们每周会有 3 次体育运动，有时候在活动室，有时候在户外。一般热身结束后，女孩会一起玩排球，男孩则会踢足球。

勇敢者的游戏

你敢不穿衣服跳到雪里吗？我敢！来看一下我们的娱乐活动吧！

kogniki 滑 冰

我们国家的冬天特别冷，很多地方变成了天然的滑冰场。大人小孩都很开心，因为可以自由滑冰，玩冰球。

课后兴趣班

上完课，吃完午餐后，我们一般会去俱乐部或者文化中心参加活动，踢足球或者上一些兴趣班，比如空手道、柔道。女孩们更喜欢网球或者舞蹈。有些人也会学习绘画或者弹奏乐器。晚上回到家，最受欢迎的肯定是动画片！当然是在完成作业之后！

傻瓜的游戏

棋牌类游戏中我们喜欢团队游戏，例如鹅棋和多米诺骨牌。但是我最喜欢的是杜拉克，这是一种讲究战术的扑克牌玩法。先打完牌的获胜，而输的人就被称为杜拉克，也就是傻瓜的意思。

来啊，在乡村小屋聚会！

在假期，我们会去农村的木质小房子里聚会。虽然房子很简陋，甚至有的卫生间设在户外，但是这里没有城市的喧嚣，清新自然，我们可以种植蔬菜、鲜花、果树，还可以去附近的森林中摘水果和采蘑菇。所以我们都喜欢来这里，喜欢在这里举行家庭聚会。但是冬天可就不行啦，小房子里没有暖气，而且厚厚的积雪也会把路盖住。

datcha 乡村小屋

菜园的收成很不错，有土豆、红芋头、黄瓜、西红柿，这些都会放到地板下面的地窖中保存。

viénik 白桦树枝

在温暖的房子里，我们会用浸湿的白桦树枝抽打自己的身体来刺激血液循环。

全民俄罗斯浴

你听说过全民俄罗斯浴吗？特别刺激。首先在一个80摄氏度的房间里待5分钟（有一点类似于蒸汽浴），然后再跳进冷水中，想不想体会这是什么感觉？之后，我们会用泥土推拿，这会让皮肤变得柔软。我们经常会一家人去公共浴室，在浴室能看到各个年龄段的人。有时候，我们也会在自己家的院子里搭建一个俄罗斯浴场。

charrhmati 国际象棋

我们都很喜欢玩国际象棋。我从6岁就开始学习了，我的梦想是成为卡尔波夫或卡斯帕罗夫一样的世界冠军。（两个人都是俄罗斯国际象棋棋手、国际象棋特级大师，都曾获得世界国际象棋冠军）

不怕严寒的运动

我们都是冬季运动的粉丝：冰球、花样滑冰、滑雪……
但是我们也喜欢足球、网球等其他体育项目。

冰球

冰球怎么玩？让我来告诉你：在一个滑冰场上，两支球队各出 6 名球员，用球杆将球打进对方的球门则得分。听起来像是足球，不过这种比赛需要在冻冰的足球场进行，双方共有 12 名球员，比赛用球是软木制成的。冰球需要速度和战术。我最喜欢的球队是莫斯科中央陆军冰球队，他们已经赢得了 32 次俄罗斯冠军和 20 次欧洲冠军。当然，我们的俄罗斯国家冰球队也很强！

百分百的俄罗斯运动

桑搏的意思就是“不带武器的防身术”，起源于苏联，流行于 20 世纪 20 年代的军队中。它结合了各国的功夫，特别是柔道和拳击。如今，它已经登上了国际舞台。

balelschiki 超级球迷

泽尼特是位于圣彼得堡的足球俱乐部，它拥有一个超级球迷，那就是俄罗斯前总统梅德韦杰夫。

足球万岁

毫无疑问，足球是最受欢迎的运动。即使在不踢足球的时候，我们也喜欢看比赛。如果我们很幸运能去现场看比赛（球票总是卖得很快），那千万不要忘记戴你所支持的俱乐部的围巾。除了世界级比赛外，我们还可以观看俄罗斯足球联赛，顶级联赛共有16支球队。

田径：俄罗斯纪录

伊辛巴耶娃是俄罗斯的骄傲，她最初练的是体操，后来改练撑竿跳。2005年，她成为第一个打破撑竿跳5米纪录的女性运动员。她是2004年和2008年两届奥运会冠军，2016年正式宣布退役。

网球冠军

最近几年，我们对网球的关注度越来越高。职业网球运动员莎拉波娃和德门蒂耶娃都已经家喻户晓，她们都曾获得了网球赛事的大满贯。在男子选手当中，萨芬曾世界排名第一，也是大部分男孩的偶像。虽然很多喜欢网球的人希望能成为下一个冠军，但并不是所有人都有机会在网球学校训练，因为训练费非常高，训练过程也异常艰苦。

miésto v tablitzé tchèmpionata 国际排名

莎拉波娃获得过5次大满贯。2012年，在参加职业比赛11年后，她终于获得了全满贯的成就。

7 个热闹的节日

音乐、歌声、烟火……我们非常喜欢庆祝，热闹的场面你肯定也很喜欢。

Rajdiéstsvo　严寒老人

在西方，乘坐雪橇为人们送来各种礼物的是圣诞老人。在俄罗斯，送来新年祝福的是严寒老人和雪姑娘。传说，新年前夕，严寒老人会带着他的孙女雪姑娘巡游全国，给全国的孩子送去礼物和祝福。

圣诞节和新年

像中国一样，除了公历，我们还有一个民间历法。根据东正教的教历，圣诞节是每年的1月7日，新年是1月14日。每年的1月初是我们狂欢的日子，长达3个星期呢。我们会齐聚一堂，制作美味佳肴，其中奥利维耶沙拉是俄罗斯经典的沙拉，里面有肉、蔬菜、鸡蛋、蛋黄酱，它与烤肉和水果面包是固定菜式。

Maslénitza　谢肉节

也称为送冬节、烤薄饼周。在很早的时候，太阳神战胜了严寒和黑夜，于是春天来临了，春耕劳作可以开始了。这对当时的农民来讲是很重要的时刻，所以会举行隆重的迎春送冬仪式，由此产生了送冬节。按照民俗，为期7天的谢肉节每天都有不同的庆祝方式。这有点像俄罗斯的狂欢节。

妇女节

跟中国一样，3 月 8 日也是俄罗斯的妇女节。妻子、妈妈、姐妹和女儿在这一天都会收到来自男士的鲜花和礼物。在学校也一样，我们班的女孩子也会得到礼物。到处都是鲜花，很多家庭会去饭店庆祝。

男人节

从苏联时期开始，2 月 23 日被法定为男人节。设立这个节日的初衷是纪念那些为了保卫国家而牺牲的士兵。到了这一天，所有的男士都会收到来自女士的礼物，小男孩也不例外。

胜利节

每年的 5 月 9 日是苏联战胜德国法西斯的纪念日，也就是卫国战争胜利纪念日，我们每一年都会隆重庆祝。这一天，莫斯科会举行集会和阅兵，所有人都会放假，我们会在电视机前看阅兵直播。

复活节

我们的宗教节日都依据东正教月历。一年中最重要的节日是复活节。在去教堂接受东正教神父和牧师祈福之前，我们会准备好涂成彩色的鸡蛋和复活节蛋糕。

俄罗斯的名人

优雅的舞蹈家、勇敢的宇航员、伟大的作家和诗人……我们非常自豪能拥有这些名人！

zvizda 舞 者

我最喜欢的芭蕾舞女演员是苏联时期的加林娜·乌兰诺娃，她在莫斯科大剧院的舞台上塑造了30多个角色，获得了列宁勋章和斯大林奖金，被誉为芭蕾舞的象征和灵魂。

莫斯科大剧院的舞蹈家

我身边的人们都很喜欢歌剧。在俄罗斯，每个城市都有剧院，最著名的莫过于莫斯科大剧院。在那里，你可以欣赏到大量传统的芭蕾剧：《胡桃夹子》《天鹅湖》《睡美人》……这个享誉全球的剧院拥有最优秀的舞蹈家，比如斯韦特兰娜·扎哈诺娃和尼古拉·茨斯卡里泽，他们都是最伟大的舞蹈家。在他们谢幕时，为表示尊重和感谢，人们会向台上扔鲜花。

kati akrobati 猫 剧 院

世界上唯一一个以猫为主题的剧院，创建于1990年，创办人尤里·库克拉切夫是一个著名的驯兽师，也一直扮演小丑。剧院有超过120只猫咪进行高超的杂技表演。

儿童文学

你听说过切布拉什卡吗？它是一只小熊，长着两只巨大的招风耳。这可是俄罗斯家喻户晓的动画形象。2008 年北京奥运会上，俄罗斯队的吉祥物就是它。

bilini 勇士歌

我和同学们都非常喜欢听歌手们唱英雄史诗，这些都是古代俄罗斯英雄的真实故事，一直被歌手口耳相传，课本里是看不到的。

世界上第一位宇航员——加加林

尤里·加加林是 20 世纪我们最伟大的英雄。1961 年 4 月 12 日，莫斯科时间 9 时 7 分，他乘坐“东方 1 号”宇宙飞船环绕地球航行 1 圈，历时 1 时 48 分。27 岁的加加林成为人类历史上太空旅行第一人，获得“苏联英雄”的称号。正是由于这次旅程，俄罗斯极大地推动了人类宇航事业的发展。

France-soir
OFFICIEL : UN RUSSE A TOURNÉ AUTOUR DE LA TERRE
Il a atterri normalement en U.R.S.S.
Paris-presse l'intransigeant
IL REVIENT DU CIEL
"Je me sens bien. Je n'ai ni blessures ni contusions"

世界上第一只太空狗

在加加林之前，第一个上太空的地球生物其实是一只小狗，就是下边这只，流浪狗“莱卡”。1957 年 11 月 3 日，由“斯帕特尼克 2 号”送上太空的莱卡在飞行了 7 小时后就因为压力过大和空间温度过高而去世。

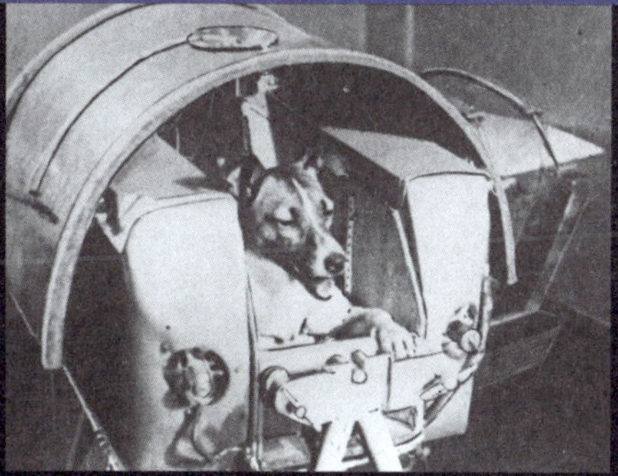

普希金，我们伟大的诗人

俄罗斯有很多世界闻名的作家，我们感到很自豪，比如托尔斯泰、陀思妥耶夫斯基、契诃夫……但是我最喜欢的作家是普希金。普希金创作了很多小说、诗歌和童话故事。他的童话故事语言简单，文字优美，我和小伙伴们都非常喜欢。根据白雪公主故事改编的《死去的公主和七勇士的故事》以及《渔夫和金鱼的故事》最著名，现在已经被改编成动画片，成为永恒的经典。

你认识俄语吗

俄语的字母很特别，为了方便记认，我们将俄语字母转写成了拉丁字母。但其实俄语字母同拉丁字母还是有很大的不同。

带你认识俄语

第一次接触，大家会觉得俄语很复杂，因为它使用的是西里尔字母，这是一种来自希腊语和斯拉夫语的字母，这种字母在英语中并不存在。但是跟学习英语一样，学习俄语也是先从字母开始。在训练书写之前，我们需要学习朗诵和熟悉印刷体。因为在俄语中，印刷体和手写体是不同的。

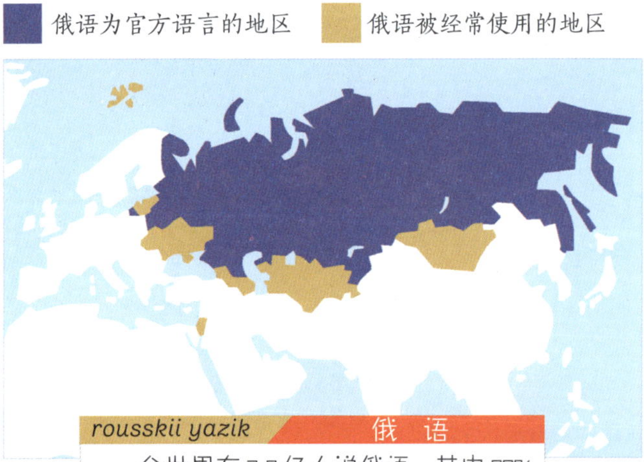

rousskii yazik 俄语

全世界有2.8亿人说俄语，其中80%住在俄罗斯。

来自法语的单词

法国人即使没有学过俄语，也能认出一些俄语单词，因为25%的俄语单词来自法语，它们的发音同法语近似，但是拼写已经有了很大的变化。

俄语	法语	中文
tsirk	*cirque*	马戏团
komod	*commode*	抽屉柜
krokodil	*crocodile*	鳄鱼
krab	*crabe*	螃蟹
parad	*parade (défilé)*	阅兵（游行）
boulvar	*boulevard*	林荫大道
banane	*banane*	香蕉
giraf	*girafe*	长颈鹿

超过50种官方语言

俄罗斯是个多民族国家，拥有100多个民族，每一个民族都有自己的母语。其中有一些语言被确定为地区性的官方语言，如车臣语（超过100万人使用）、鞑靼语、雅库特语、奥谢金语、阿瓦尔语和图瓦语……当然，大部分民族交流使用的还是俄语，就像中国的普通话一样。

不要弄混

在俄语的33个西里尔字母中，12个是拉丁字母。但是注意，这些字母的发音同英语的发音并不一样。

你好，菲迪亚。我是安东尼。我正好比你大1岁。

我会说俄语的“谢谢”。

我夏天去过莫斯科度假。你住在那里吗？

这太棒了。我家住在孚日山，在法国东部，那里到处都是冷杉。

我也希望有朝一日能够去你的家乡看看。

请放上对应页的硫酸纸，然后翻到第36页，看看他们在说什么吧！

我们的饮食习惯

我们喜欢聚会，在一起吃零食、喝茶、聊天，非常有意思。

一日三餐

我们的早餐很丰盛，有面包、火腿、香肠和奶酪，有时，还有咸味或甜味的荞麦糊。午餐和晚餐没有固定的时间，要看这天的工作情况。晚餐一般是用肉或鱼搭配土豆。不过每餐都有汤。甜点一般出现在晚餐中，我们喜欢吃果酱或蜂蜜可丽饼，甜面包或开菲尔。

kompot 水果糖浆

水果熟了，大人们会收集起来晒干，然后再放到糖水中加热，就会变成我们超级喜欢的水果糖浆。

请坐好，我们开饭

在俄罗斯，做饭是一种艺术。客人来之前，我们会按照传统，准备好美丽的桌布和精致的餐具。一切都准备就绪，如鱼子酱、奶油薄饼、腌制的鲱鱼、焖肉冻、腌制小黄瓜、沙拉和糕点……有各种各样的口味。大人们举起伏特加或者香槟，孩子们举起果汁，干杯！

街边食杂店

有时候没空在家吃午饭，我们就会去街边的食杂店买一些软厚饼、肉馅土豆、薄烤饼、水果或者饮料。这些小的食杂店很方便，商品丰富，营业时间从早上到深夜。

一整天都在喝茶

相对于咖啡，俄罗斯男女老少都喜欢喝茶，尤其是红茶，经常一喝就是一天。在每顿饭吃完后，我们都会喝茶（包括小孩子），在茶歇的时候，我们还会吃点心，这是一个我们不能忽略的传统。喝茶我们喜欢加糖、柠檬片，有时也加牛奶。

tchaï　茶炊

在过去，我们习惯用茶炊泡茶。你知道茶炊是什么吗？是一种既可以烧水也可以泡茶的金属容器。如今不怎么用了，但是很多俄罗斯家庭中都有这样的装饰品。

精美又好吃的糖果

我们喜欢吃糖果，不分时间，想吃的时候就塞一颗到嘴里，有巧克力味的、水果味的、杏仁味的。我喜欢收集那些精美的糖果纸，亮闪闪的很好看。

chachliki　肉串

在俄罗斯的乡下，一般一年四季人们都可以吃到烤肉，多是牛肉、猪肉、羊肉和鸡肉，腌制好了，在地上支起炭火烧烤。想起香喷喷的肉串，我现在都流口水了。

丰富的美食

剁碎或腌制的肉、生的或熟的蔬菜、汤和鲜奶酪都是俄罗斯餐饮中必不可少的元素。

俄罗斯饺子和馅饼

俄罗斯饺子和中国的烧卖类似，馅大皮薄，是我们传统的主食，是最受欢迎的俄罗斯菜品之一。馅料多以肉为主，不同的是会加1种或者多种混合的肉，比如牛肉、羊肉和猪肉。煮饺子的水可以用来做汤。还有俄罗斯馅饼，也是我们比较常吃的主食，馅料是肉、蔬菜和白奶酪。我们喜欢一家人边唱歌、讲故事边准备饭菜。

典型的饮品

每到夏天，我们都喜欢喝格瓦斯，这种独特的饮料是用酵母和黑面包制作的。因为里面的食材是发酵过的，所以这种饮料会冒泡，并且有很低的酒精度数。

tchornii rrhlyéb

典型的面包

黑面包是我们每顿饭的必需品，一般是配汤和奶酪。

各种各样的汤

俄罗斯的冬天异常寒冷，这个时候来一碗热汤简直太幸福了。我们会准备各种各样的汤，有蔬菜汤、菌汤、鱼汤……最受欢迎的是用肉和甜菜做的汤。做汤时，我们会加上大勺的鲜奶油和切碎的香芹，味道好极了。我们也喜欢用格瓦斯做成的冷汤，不过这种汤适合夏天喝。

美味的甜点

我们的奶油蛋糕和甜面包特别好看，有很多奶油和五颜六色的小装饰。不要看我年纪小，我也是能亲手做甜点的，每次去农村的小院子，我都会摘各种新鲜的水果，在上面放上饼干，我们称它水果布丁。

达莎和菲迪亚的菜谱

这些你需要在大人的帮助下完成。

这是两个很有特色的美食菜品，也很容易做出来：西伯利亚饺子和薄饼。品尝一下吧！

西伯利亚饺子

准备时间：30 分钟

煮熟时间：10 分钟

做 20 个西伯利亚饺子，需要准备：

- 1 个鸡蛋
- 1 汤勺鲜奶油
- 1 杯凉水
- 300 克面粉
- 200 克切碎的肉（一半牛肉，一半猪肉）
- 2 个洋葱
- 盐和胡椒
- 1 个盆、1 块保鲜膜、1 把刀、1 个大碗、1 根擀面杖、1 个玻璃杯、1 个勺和 1 个锅

首先准备面团：将鸡蛋、奶油、水和少许盐倒在盆里。然后一点点加入面粉，直到你的面团变得柔软，将面团滚成球状，在盆上盖上保鲜膜，让面醒 20 分钟左右。

在这段时间里，需要准备馅。用水边冲边剥洋葱（否则你会流泪的）。将洋葱切成小块。将剁碎的肉放在大碗里，加入洋葱、盐和胡椒，将这些食材搅拌在一起。

在面板上撒一层薄薄的面粉，用擀面杖将面团擀成面饼，用玻璃杯将面饼切成圆形。在每一个面皮上放上肉馅。掐住面皮两头对折，做成半月形，再用手指将边上捏紧。然后轻轻拉扯两角，让两角尽量靠拢，增加半月形的弧度，最终让两角粘在一起。

锅中放水，加适量盐，加热直到煮沸，下饺子，直到饺子漂浮在水面上。冷却 10 分钟就可以吃了。

薄饼

准备时间：5 分钟
醒面时间：30 分钟
加热时间：20 分钟

做 10 个薄饼，需要准备：

- 1 盒原味酸奶
- 1 个鸡蛋
- 1 酸奶杯的面粉
- 半袋酵母
- 少许盐
- 油
- 1 个盆、1 个不粘锅、1 个汤勺和 2 个叉子

将面粉和酵母倒入盆中。加入酸奶、鸡蛋和盐，将全部食材和成糊状，然后在阴凉处醒面 30 分钟。在不粘锅里倒入油并加热。加热的时候，需要有大人在身边。将 1 勺面倒入锅中，在锅中用勺子背面摊平面饼。当面饼出现气孔的时候，用叉子将面饼翻面，再煎一会儿就可以出锅了。我们可以趁热吃，也可以等凉了之后品尝。可以在上面放上奶油或大马哈鱼、鳟鱼鱼子酱（如果你家有的话）。你还可以抹上蜂蜜或者果酱。快点品尝吧！

此处独有的风景

我们在进别人家的屋子时都会脱鞋子，出门肯定会带着现金。你感到奇怪吗？来感受一下俄罗斯的传统吧！

全副武装防寒

俄罗斯的冬天特别寒冷。我们不戴帽子是不会出门的，帽子用羊毛、狐狸皮、狼皮或兔绒做成，可以盖住耳朵。我们还要穿用羊毛做成的毡靴。这种鞋很保暖而且防水，很适合在雪地上行走。但是如果地面很潮湿，我们会套上胶皮鞋套。

迷信是为了一切顺利

都说我们是一个迷信的民族：远行时，为了确保旅途中一切顺利，我们会在出发前坐到行李上待几分钟；出门后中途回家是不吉利的，尽管有的时候我们不得不这么做；在出发前我们需要照一下镜子，看一下一切是否都井然有序；我们出行时需要避免前面出现黑猫；如果我们走在铁路桥的下面，当上面过火车时，我们会将钱包放在头上“接钱”。

我们都有一个长长的名字

俄罗斯人的名字非常长，因为除了名，我们还有一个来自家族的姓氏，它是由父亲的名字和区别男孩、女孩的后缀组成的。如果需要礼貌地同别人交流，我们要同时称呼对方的名字和来自家族的姓氏；但是朋友之间，我们只需要称呼对方名字的简称就可以，例如称呼我们达莎和菲迪亚而不是达利娅和菲奥多尔。

talismane 守护神

我们都相信，在房子里生活着一种毛怪守护灵，这种古怪的小精灵喜欢在晚上偷吃面包和点心。当然，它并不是真的存在，不过人们还是相信它能够保护我们的房子，它是我们心目中的守护神。

pa machinam 乘 车

如果和同伴（俄罗斯人、蒙古人、中国人或其他国家的人）在一起旅行，我们都会相互交换食物，互相攀谈，如果有人带着吉他，我们也会一起唱歌。

西伯利亚大铁路

这是世界上最长的铁路，长达 9332 千米，沿途有约 1000 个车站。它连接莫斯科和符拉迪沃斯托克（海参崴），列车走完全程需要七天七夜。由于旅途异常漫长，要穿越美丽的西伯利亚，这条列车线路也成了世界的一个奇迹。它同时还是很多作家的灵感来源。一般情况下，俄罗斯人会乘坐三等车厢，因为费用最低，可携带一个巨大的行李袋。

俄罗斯套娃

你见过俄罗斯套娃吗？传统的套娃是年轻的农妇披着花式披肩，但是现在我们也可以看到一些官员的头像。这些木质的娃娃，是一个俄罗斯画家在见到日本娃娃之后设计出来的。如今套娃已经成了俄罗斯的象征。

routchnaya rabota 套 娃

传统的俄罗斯套娃是一组 5 到 7 个。但从小到大，也可以有 30 个套娃。这些套娃都是大小不同的一系列组件。

1

2

3

4
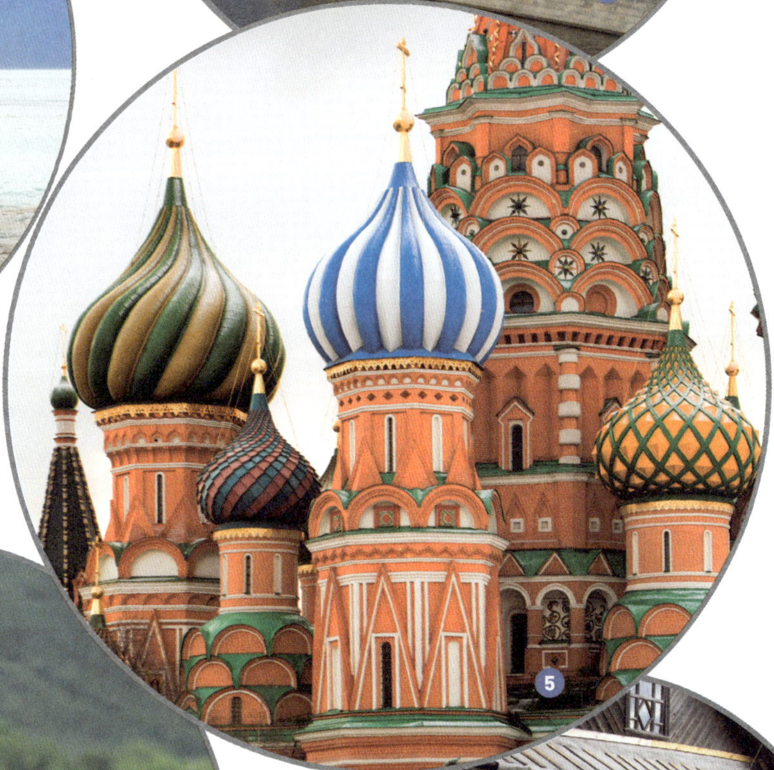
5

6

7

8

9

10

11

12

13

14

你可以在第 37 页找到这些图片的说明。

词汇汇总

俄语—汉语

balelschiki	超级球迷
chachliki	肉串
chkolnaya forma	着装
dièn znanii	见面日
fizkoultoura	体育
kati akrobati	猫剧院
kompot	水果糖浆
miésto v tablitzé tchèmpionata	国际排名
prizidiènt	总统
roubli	卢布
routchnaya rabota	套娃
stolovaya	食堂
tchaï	茶炊
tchornii	典型的
zvizda	舞者
bilini	勇士歌
charrhmati	国际象棋
datcha	乡村小屋
dvariéts	皇宫
flag	国旗
kogniki	滑冰
Maslénitza	谢肉节
pa machinam	乘车
Rajdiéstsvo	严寒老人
rousskii yazik	俄语
rrhlyéb	面包
talismane	守护神
tchastnié ouroki	特殊的课程
viénik	白桦树枝

这就是第 25 页菲迪亚和安东尼的对话：

你好，我叫菲迪亚，今年 9 岁，你呢？

你好，菲迪亚。我是安东尼。我正好比你大 1 岁。

你会说俄语吗？

我会说俄语的“谢谢”。

完全正确！那么说，你学过俄语了？

我夏天去过莫斯科度假。你住在那里吗？

不，我住在乡村，那里靠近大森林。

这太棒了。我家住在孚日山，在法国东部，那里到处都是冷杉。

我很想了解你的家乡。

我也希望有朝一日能够去你的家乡看看。

好呀！我带你来我家感受一下自然风光。然后，我们一起喝茶、吃蜂蜜薄饼。

❶ 莫斯科剧院的艺术家在冰上穿着冰刀演绎滑稽剧。

❷ 克里姆林宫是一座巨大的森林宫殿，里面包括皇宫和教堂。它是总统工作和生活的地方。

❸ 贝加尔湖位于西伯利亚的南部，是地球上最大的淡水湖。冬季来临的时候，贝加尔湖上覆盖着厚厚的冰层。

❹ 在农村，老人们会披上羊毛披肩御寒。

❺ 圣瓦西里大教堂位于莫斯科红场南侧，教堂上有很多彩色的圆形屋顶，这是典型的东正教教堂。

❻ 堪察加半岛的熊是欧亚大陆最大的熊，最长可以达到 2.5 米。

❼ 这是俄罗斯典型的木质房子，四周都有窗户。

❽ 俄罗斯手风琴经常伴随着俄罗斯乡村音乐。

❾ 俄罗斯地铁站都镶有金边，还配有精美的装饰画，这里的地铁站是世界上最美的地铁站。

❿ 圣彼得堡的建筑和河流完全可以同威尼斯相提并论。

⓫ 涅涅茨人以驯养驯鹿和捕鱼为生，他们生活在北极圈附近。

⓬ 自 15 世纪以来，德姆科沃就是俄罗斯著名的生产传统陶制玩偶的地方。

⓭ 俄罗斯远东的堪察加半岛上面有约 160 座火山。

⓮ 在东正教的教堂里，在家里，我们都可以找到这些标志物（可能是名人的肖像），据说这些装饰品可以保护我们的家人。

北
冰
俄
罗
斯
莫斯科
亚
欧
洲
洲

去旅行

你去过四大文明古国之一的印度吗？你知道他们喜欢用手抓饭吃吗？有没有去看《摔跤吧！爸爸》？想知道瑜伽的由来吗？想不想坐一下印度特色的出租车、尝尝印度飞饼？能想象一个把人们涂成五颜六色的节日吗？让阿密特和席瓦妮带着你一起领略文明古国的魅力。

跟我游印度

[法] 米莉·卡布罗尔（文）
[法] 卡米耶·拉杜斯
[法] 朱利安·卡斯塔尼耶（绘）

去旅行 2

欢迎来到印度

欢迎来到印度！印度是四大文明古国之一，与中国是邻居，越来越多的中国人来印度旅行。

你好，我叫阿密特

我住在拉贾斯坦邦的斋浦尔。我的父母是商人，经营一家布店。我有一个弟弟，我们一家人和祖父母住在一座公寓里。我喜欢传统音乐，正在学习弹西塔尔琴（印度的一种古典乐器）。我是一个板球迷，经常和朋友们一起玩板球，我最喜欢的位置是击球手，现在的愿望是提高我的投球技术。

你好，我叫席瓦妮

我住在印度的首都新德里，我跟父母、兄弟和姐姐住在市中心。节假日，我们经常去附近的公园野营，那里很热闹。我特别喜欢宝莱坞电影和流行音乐，我的屋子里贴满了海报，耳机不离身。我还喜欢收集首饰。我的愿望是长大后成为老师，所以正在认真学习计算机。

Bhartiya Ganatantra　Republic of India

BHARTIYA PEHCHAN PATRA　NATIONAL IDENTITY CARD

印度

首都： 新德里

面积： 298 万平方千米（不包括中印边境印占区和克什米尔印度实际控制区）

人口： 13.24 亿（2016 年）

货币： 卢比

官方语言： 印地语和英语

政治体制： 议会民主制

总理： 纳伦德拉·莫迪

主要宗教： 印度教和伊斯兰教

很多邦

印度是一个联邦制国家，共有 *28* 个邦。每一个邦都有自己的政府，这些邦政府可以制定各自的政策，但要遵守新德里联邦政府的法律。

季风

每年夏天，季风都会在这个国家肆虐，在各地引发暴雨和洪水。季风这个词在印度成了风、雨和季节变化的代名词。

喜马拉雅山

这是世界上最高的山脉：它的顶峰是珠穆朗玛峰（海拔 *8844.43* 米），它绵延 *2400* 多千米。喜马拉雅山脉将印度从亚洲南部分离出来。在梵语中，喜马拉雅是“雪屋”的意思。

印度共和国

印度面积不小，人口也很多，是世界第二人口大国。

mahal 墓地

泰姬陵位于印度北方邦的阿格拉，建造于1632—1654年，是莫卧儿帝国皇帝沙贾汗为其妃蒙泰姬修建的墓。泰姬陵是用白色大理石筑成，墙上镶嵌着五彩宝石，非常漂亮。

文明古国的沦陷

印度是世界四大文明古国之一，发源于印度河文明。几千年间，印度教徒和穆斯林交替在这里建立王国。16世纪起，葡、法、英等国人相继来到印度，最初只是为了进行茶叶和香料贸易。1600年，英国殖民者成立东印度公司，逐步在沿海建立殖民点，1849年占领印度全境。

注：本章中的印地语均采用拉丁字母转写的方式表示。

核心词汇

东印度公司

16—19世纪，葡、英、荷、丹、法等国政府特许对东南亚从事殖民事业的组织。

非暴力不合作

印度人民以和平方式开展的反对英国殖民统治的斗争。由甘地倡导。主张采取罢业、和平示威、抵制英货、拒绝为英国殖民政府机关服务等群众性斗争方式，反对英国的统治，希望用非暴力的和平方式迫使英国当局让步。

共和国的建立

1919 年，阿姆利则惨案发生，印度国民大会党的领导者莫汉达斯·卡拉姆昌德·甘地，以和平方式发起了抗议英国统治的运动。印度最终在 1947 年获得了独立。1950 年，印度确立了自己的宪法，标志着印度共和国的建立，印度成为民主制国家。今天的印度，既保留了古老的民族传统，又融合了以英国为代表的西方文化。

paisa 货 币

印度的货币叫作卢比。每张纸币上都印着圣雄甘地的头像。

第一位女总统

印度现任总统是拉姆·纳特·科温德，而普拉蒂巴·帕蒂尔则是印度独立 60 年来第一位女总统。帕蒂尔热衷于开展教育和社会福利事业，她为穷苦儿童创办了多所学校。她认为提高女性的地位对印度整个社会的进步至关重要。

rashtrapati 总 统

普拉蒂巴·帕蒂尔在 2007 年被选为印度总统，成为印度历史上第一位女总统。

印度的编年史

前 2000 年： 印度河文明诞生。

前 1500 年： 来自中亚的雅利安人在印度定居。

1526 年： 莫卧儿王朝建立。

1600 年： 英国获得了在印度自由贸易的权利。

1947 年： 印、巴分治，印度和巴基斯坦分别独立。

1948 年： 甘地遇刺。

2001 年： 印度人口超过 10 亿。

学校的快乐时光

印度的辍学率很高，政府为了普及教育，从 2010 年开始，规定 6 到 14 岁的孩子必须到学校读书，以便让所有这个年龄段的人都具备读写能力。

vidyalaya 私立学校

在费用方面，私立小学比公立小学高得多。但是，私立小学的课程相当丰富，除了必备的文化课，还有马术课、音乐课和计算机课等。

从幼儿园到十二年级

在印度，儿童 6 岁会升入小学，学校不分初中和高中，我们会一直待到十二年级。考试一般在每年的 3 月份进行。在十年级结束的时候，学生将会获得中级阶段证书。他们可以选择艺术、科学和商务等方向来继续学习，并通过后面两年的学习获得高层次中级证书，相当于中国的高中毕业证书。

如果你在印度，应该上哪个年级？

6—7 岁	一年级
7—8 岁	二年级
8—9 岁	三年级
9—10 岁	四年级
10—11 岁	五年级
11—12 岁	六年级

path karm 课 程

在农村，学生数量很多，而学校的教学楼少，教室也不够，所以老师经常会露天授课。学生们都坐在户外，很认真地听课。

印度的大学

印度很多大学世界闻名，如印度理工学院，被誉为印度“科学皇冠上的瑰宝”；印度德里大学，位于首都新德里，是印度地位最高、影响力最大的大学。

贫富差距大

由于经济困难，很多孩子不能去学校读书，他们要留在家里帮父母做工。印度一直在努力改变这一状况，有些地区会为孩子们提供专项的助学金支持孩子们读书。但是，地区贫富不均现象还是很严重。在喀拉拉邦，几乎所有的孩子都能去上学；而在比哈尔邦，每两个学生中只有一个学生能够正常上学。在农村，孩子们上学的机会更少，学校的设备也要比城市里的学校差很多。

男女不平等

在印度，除了贫富差距大，男女不平等的情况也很普遍。女孩跟男孩相比，上学的机会更少。在传统的观念下，女人似乎不需要掌握知识，只需要做家务、照顾孩子就行了。所以在印度很多女人既不识字也不会写字，在生活中她们不得不用拇指按手印代替签名。不过，现在很多地区为成年人提供了识字的课程。

ischool ki wardi 制 服

在学校，学生们都穿校服，但每个学校的校服都不一样，腰带上的标志和领带的图案各不相同。

上学的一天

在印度，学校上课的时间非常早，但下午我们是自由的。让我们跟着阿密特到他的班级去看看吧。

pratinidhi 代表

每个班都有班长，在老师不在场的时候，他主要负责管理整个班级，有的时候会在班级里点名。班长是由学生共同推选出来的。

7:30

集会、唱国歌、上课

每天早晨，我的爷爷都会陪我步行到学校。我同其他学生和老师在学校的院子里集合：我们排成整齐的队伍一起背诵校训，高唱国歌。然后，我们进入教室。每天早上，我们都要上4节45分钟的课，例如英语、人文教育、地理和数学等课程。每一门课都有1名老师负责。

11:00

午餐时间到

学校里一般是没有食堂的，需要自己带午餐。我的祖母经常会在我的餐盒里放加热的蔬菜和印度饼。当然，我们也可以在学校附近买便餐，不过这比自己准备要贵很多。

我们的假期

我们的学期从4月份开始，但是假期因为月历的关系，每年具体日期各有不同。最主要的假期在6月中旬，因为那时候的天气酷热难耐，学生们已经无法去上课了。7月份时，我们会回到学校上课，那个时候你们应该正在放暑假。10月份时，我们有10天假期；圣诞节时我们有1周的假期。

padne ki kitab

教 材

我们都要学习印地语，但由于所在地区不同，官方语言也不一样，一般是从22种民族语言中选择1种学习。

11 : 30

艺术课开始了

到了我们班级上艺术课的时间了，学生可以选择音乐课或者绘画课。我很幸运，因为这些课程并不是每个学校都有的，我选择了绘画课。艺术课后，我们开始学习印地语，这是我们的母语。其他的课都是用英语（这也是印度官方语言之一）上的。这让我们很早就能使用双语。

13 : 30

放学了，我们回家

放学回到家，我首先需要完成作业。学校会为我们布置很多作业，我要“工作”2—3个小时才能完成。写完作业，我有时会练习板球，有时会找朋友们玩。学校的课程结束得比较早，但我们除了周日每天都会去学校。

特色三轮车

在城市中，有的学生会乘坐公交车上学，有的会乘坐三轮车。左图是一种非常便宜的三轮车：在三轮车后面装上车棚，可以载3个大人或者很多孩子……

别具风情的课余生活

听说过宝莱坞吗？想知道我们晚上和周末喜欢做什么吗？一起来跟我们消磨时光吧！

好看的木偶剧

我的父母喜欢看木偶剧，有的时候我也去。传统木偶剧将美感和喜剧元素融合在一起，用线控制的木偶更是融合了雕塑、绘画艺术，它拥有很多忠实的粉丝。木偶的形象包括公主、动物、舞蛇者、战士，它们随着音乐和歌声有节奏地翩翩起舞，为观众讲述古代领主的事迹或者有关狮子和老鼠等的童话故事。

向往的雨季

雨季一般在学期结束之后来临，这里会下几个星期的大雨，街上会发洪水。我们都非常期待这段时间，哪怕不得不涉水出行、溅一身泥，也感觉非常有趣。有时，我也会在家里看电视或者玩电脑，我喜欢看《海绵宝宝》《蝙蝠侠》或《哆啦A梦》。这段时间，我妈妈则每天都会为寺庙准备番红花或玫瑰水糕点。

carrom　台　球

跟大家熟知的台球不一样，印度的台球样式要小得多。每个选手都有属于自己颜色的棋子，规则就是用击打球将自己的棋子撞击滑到四个角的洞里。最先打完棋子的人获胜。

chalachitra 电影院

你喜欢去电影院吗？在印度，所有人都是影迷。印度是世界上出产电影最多的国家（每年超过1000部）。

为电影而疯狂

印度的电影大都是由宝莱坞（这个名称是孟买和好莱坞两个单词的合体）制作的。印度电影很长，一场电影至少两个小时。当然，放映期间会有休息时间。在某些电影放映厅里，我们可以大声说话、吃饭甚至打电话。大部分电影都是音乐喜剧。我买了一些唱片，在家里模仿那些我喜欢的歌手。宝莱坞电影中的音乐和舞蹈是印度流行文化的一部分。

mudras 手　印

这是具有标志性的宗教姿势，在瑜伽、修行和舞蹈中也很常见。

皇宫和寺庙

在节假日，我们一家人会去寺庙、森林或者公园。我去过斋浦尔的风之宫殿和天文台。风之宫殿特别壮观，虽然叫“宫殿”，其实是一面有很多窗户的墙。对了，阿密特就住在斋浦尔。

toffy 糖　果

偶尔，我会买一包小伙伴都喜欢吃的糖衣坚果，味道不错。

宝莱坞的舞蹈

歌舞是印度电影的一大特色，宝莱坞的舞蹈是印度传统舞蹈和西方现代舞蹈（迪斯科、爵士、萨尔萨舞）的融合。舞蹈强烈地表达出歌词的情绪，人们会根据歌词设计舞蹈动作，面部表情和眼神都要有表现力，手和手指的动作也是舞蹈的一部分。

运动起来

你问我喜欢什么运动？当然是板球，再也没有比板球更有意思的运动了！我们可都是板球迷。

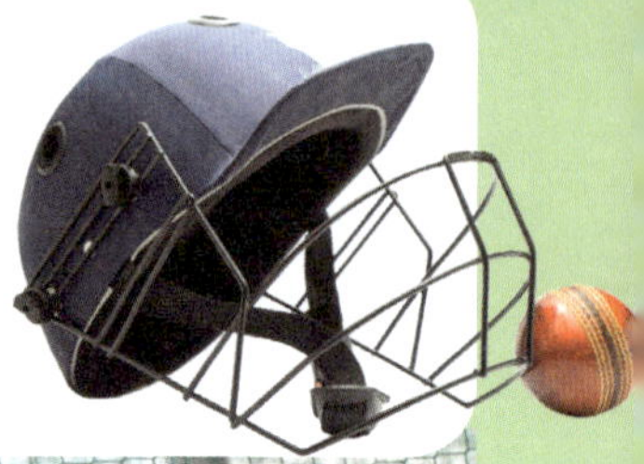

cricket ka khilari

板球运动员

萨钦·田杜卡被认为是印度历史上最好的板球击球手。

板球运动

你玩过板球吗？这是一项起源于英国的运动，被称为“绅士的游戏”。板球在印度非常受欢迎，有数以百万计的球迷观看国家队的比赛。国家队很棒，获得了1983年和2011年两届世界杯冠军。2011年的板球世界杯，我们与斯里兰卡队进行决赛，比赛场地在孟买，现场有超过3万名球迷观战，而我有幸在现场见证了这一历史时刻。

让我们摔跤吧

你看过《摔跤吧！爸爸》吗？这部电影讲述的就是印度摔跤。印度传统的泥地摔跤被称为“古什蒂”。各种年龄和出身的人都可以参加这项传统的竞技，选手们穿着缠腰布在泥地竞技场训练。在训练结束之后，他们将泥土涂在身上，以便擦干身上的汗水，然后再去休息。

历史悠久的曲棍球

曲棍球也叫作草地曲棍球，是奥运会项目中历史最悠久的运动之一。你知道怎么玩吗？就是用球杆控制球在地上滚，直到射门得分。在1928年到1956年期间，印度获得了6枚奥运曲棍球金牌。印度历史上最伟大的运动员昌德·辛格就是曲棍球运动员。他连续3年获得世界冠军，被称为“魔术师”，在职业生涯中共射入超过2000个球。

功夫的艺术

来自喀拉拉邦奈尔群体的武术家，有着猫科动物的柔软、大象的力量和蛇的灵巧。印度功夫是最古老的战争艺术之一，它转化成了很多运动，比如空手道等。印度功夫可以给身体训练和操作装备提供很多技巧。训练主要针对腿部，让腿同胳膊一样灵活。这种战斗的艺术同样也是一门医学，可以帮助我们更好地了解身体，也能治疗受伤的身体。

叠罗汉

这有点像是杂技表演或者体操。运动员们欢呼，冲刺，跳过木桩，凭借强有力的胳膊和腿部肌肉来完成高难度的动作。这些动作需要力量、灵活度、柔韧性的统一！太厉害了！

sarvsresth 冠 军

塞娜·内瓦尔是一名伟大的选手，她是印度第一个在国际羽毛球比赛中获得冠军的女运动员。

色彩缤纷的节日

鲜花、音乐、五颜六色，这就是我们国家节日的特色，热情而欢乐。

bhai aur behen 兄妹节

在兄妹节的时候，妹妹会为兄长准备一条漂亮的饰带，并戴在他们的手腕上。这用来表示对对方的喜爱，当然也可以送给你最好的朋友。

共和国日

你见过骆驼和大象组成的游行队伍吗？每年的1月26日是我们国家纪念共和国成立的日子，也就是共和国日。每到这一天，我们在新德里会见到非常壮观的动物游行，每一个邦还会派出自己的彩车，上面站着音乐家和舞蹈家等艺术家。人们在楼顶升起国旗，数以千万计的人走上街头游行庆祝。

灯火和烟花

灯节也叫排灯节、屠妖节，在每年的10月或11月间举行，全国庆祝3天。为了迎接灯节，家家户户都会点亮蜡烛或者油灯，整个街道灯火通明。人们也会在街道上燃放烟花爆竹，以求照亮黑暗。这样的节日是全家人看木偶剧、互赠礼物、品尝美食的好日子。

节日和节假日

1月30日： 圣雄甘地逝世纪念日
2月到3月： 湿婆神之夜，为了祭奠湿婆神
2月到3月： 洒红节，印度传统新年
4月到5月： 佛陀日，纪念释迦牟尼诞生
8月15日： 独立纪念日
10月31日： 新年
12月25日： 圣诞节

洒红节

也叫色彩节，这是印度人最神奇的节日！通常在二三月份、冬季结束的时候举行。这有点像欧洲的嘉年华，在这一天，人们忘记等级的束缚，各种阶层的人都聚集在一起。在前一天我们会认真打扫房间，这叫作“迎接春天的打扫”。然后，在同一天，我们会穿着白色的衣服走到街上，互相涂抹、喷撒五颜六色的粉末，并相互问候：“不要生气，这才是狂欢！”几个小时的狂欢过后，街上的所有人都染上了各种颜色。

kolam 图案

人们相信，在房间的入口手绘几何图案会带来好运。

与劳动工具有关的节日

印度有一个与劳动工具有关的节日。出租车和三轮车的司机用花装饰他们的车，然后向杜加女神祈祷。商人会装饰他们的商店，而工程师则会装饰他们的电脑。

宝莱坞的光环

印度每一个地区都有自己的电影公司，但数以百计的电影明星中，最著名的都来自宝莱坞。

sitara 明星

在电影《超世纪战神》中，沙鲁克·汗扮演了一个虚拟战士。这部影片在2011年上映，引起了不小的轰动，我跟同学们都很喜欢这个英雄。

《五卷书》寓言

《五卷书》是印度古代最著名、流传最广的寓言与童话故事集，用梵文写成，共5卷。如同《伊索寓言》一样，在《五卷书》寓言中，动物都会说话。其中最著名的寓言就是《鳄鱼与猴子》。

这些明星你认识吗

电影生产基地如莫莱坞、考莱坞、宝莱坞等，是以它们所在的城市或使用的语言命名的。在所有演员中，最著名的莫过于沙鲁克·汗，代表作有《阿育王》《宝莱坞生死恋》，他的电影长期占据票房排行榜首位，因此也有了“国王汗”的称号。那些同他演对手戏的女演员也同样都是超级巨星，如卡琳娜·卡普，她在2009年主演了《三傻大闹宝莱坞》，这部影片也被称为宝莱坞最成功的作品之一。还有阿米尔·汗，《摔跤吧！爸爸》的主演，他是宝莱坞著名的演员、导演和制片人。

nayika 演 员

迪皮卡·帕度柯妮是当之无愧的票房女王，她身穿传统的印度服饰亮相戛纳电影节，惊艳四方。

《贫民窟的百万富翁》

这部影片2009年在中国上映，当时就引起了全世界人们的关注和喜爱。这部电影向我们讲述了来自贫民窟的贾马勒的真实生活，他是一个孤儿，为了找回失踪的女友，他参加了电视节目《谁想成为百万富翁》，结果在即将赢得高额奖金时竟然被警察逮捕了。

像崇拜明星一样崇拜神

哈奴曼、奎师那、迦尼萨、湿婆，这些神都是我们的明星。他们的故事在历史当中，在文学作品中，在电影当中，也在动画片当中。《哈奴曼》是印度第一部动画片，在2005年上映，讲述的是同名的神猴的故事。自此之后，一系列的作品问世了：《迦尼萨》告诉我们长着象头的神的神奇经历，《奎师那》则通过高质量的动画为我们讲述了小奎师那的世界。

两位历史伟人

“圣雄”甘地和贾姆谢特吉·塔塔是印度历史上的英雄，为印度的独立和发展作出了巨大贡献。甘地倡导非暴力不合作，在反对英国统治的过程中，贡献巨大。贾姆谢特吉·塔塔是一个商人，被称为“印度工业之父”。他为印度建立了第一个纺织厂。今天，塔塔品牌依然出现在印度的各行各业当中，如钢铁、电力、汽车等。他的继承者设立了一项旨在为优秀的学生提供资助的奖学金。

mahatma 圣 雄

在所有印度人看来，“圣雄”甘地就如同大家的父亲。

你会说印地语吗

在印度，有超过 1500 种方言，
世界上很难再找到这样的地方了。

（饮用水）

22 种民族语言

新德里的印地语，加尔各答的孟加拉语，泰米尔纳德邦的泰米尔语……虽然都在印度，但我们说不一样的语言。在北部，人们使用最多的是印度-伊朗语（印地语、拉贾斯坦语、克什米尔语、乌尔都语、孟加拉语等）；在印度南部，人们使用最多的是达罗毗荼语（泰卢固语、卡纳雷语、泰米尔语等）；此外，邻近中国的居民使用藏语。印度的官方语言有两种，分别是印地语和英语。

akhbaar 报 纸
每一个地区都有自己的报纸，就如同英国的《泰晤士报》一样，大部分报纸是用英语出版的。

印地语

在印度中部和北部有超过 5.5 亿人说印地语，他们约占总人口的 40%。印地语是从梵语演变过来的，后者是一种宗教语言，类似于欧洲的拉丁语。印地语的拼写属于天城文，它是从左边写到右边，元音往往会标有小字，以便进行区分。

官方语言之一——英语

因为历史情况，英语甚至比印地语常用，学校里的官方语言就是英语。因为在印度，任何人都很难学会所有语言，不一定听得懂身边的每个印度人在说什么。于是，很多官方材料、标牌和指示牌都是双语的。

印度传统的词

pyjama	睡衣
avatar	不幸
bungalow	平房
catamaran	双体船
jungle	丛林
shampoing	洗发水

你好，我的名字叫艾玛。我 10 岁了，住在法国。

它很大，给我留下了深刻的印象。我所在的城市要小很多。

好呀！我要吃一个无花果冰激凌。

我去不了，我要和父母乘坐人力车回家。

好的，我们可以通信。谢谢你的接待，回头见。

是的

不

你好！

谢谢

你怎么样？

几点了？

请放上对应页的硫酸纸，然后翻到第 70 页，看看他们在说什么吧！

来尝一尝印度菜

我们的餐桌上有开胃菜、正餐、甜点……我们很少吃单一的配菜，因为同时吃到更多的菜是最幸福的事情。

各式各样的早餐

我们的早餐口味偏甜或者咸，一般情况下有面包、饮品和乳制品，但早餐是多种多样的，比如裹着土豆的面包和煎饼，纯酸奶或者加上香料的酸奶，还会有一杯茶或者甜奶咖啡。但有些人也吃英式早餐，如麦片、吐司或者蛋糕配茶和果汁。

chai 茶

我们习惯将奶和茶混合，然后加上香料和糖。

不习惯使用餐具

在印度，人们不使用餐具，我们直接用右手吃饭，或者用小面包蘸着吃饭。在饭店的时候，我会点塔里，一种很多小菜放在一个大餐盘中的食物。这些小菜代表着不同地方的特色。这让我们可以品尝到各地的美食，有沙拉、蔬菜、肉酱或冷蔬菜酱，还有甜点。米饭和饼是每顿饭必不可少的。

thali 塔里

一般来说，盛放塔里的餐盘是铁制的，但也可能是塑料的，有时人们也会使用芭蕉叶当餐盘。

饭盒里的午餐

中午，我们会带午餐去学校、工作单位，还有在野餐的时候我们的午餐都装在饭盒里，这非常方便。饭盒都是分成格子或者分层的，装着米饭、醋腌小黄瓜或者蔬菜。

素食主义者

因为传统和习惯，很多印度人都是素食主义者。他们不喜欢杀生，也不会吃肉、鱼和鸡蛋，当然也有很多印度人因为穷困买不起这些食物。于是，这些食物就会被蔬菜代替，如豌豆、鹰嘴豆，这些蔬菜也同样富含蛋白质。我们非常喜欢吃蔬菜，煮熟、腌制或者加香料生吃。饼是我们的主食，餐餐都不会少。

pan masala

促消化香料

茴香、小豆蔻、香芹，这些香料都是在用餐结束的时候吃的，用来促进消化。

美味的小吃

在街上，我们可以买到很多小吃，例如印度咖喱角，一种三角形的面食，面皮里面包裹着蔬菜；帕克拉，一种把蔬菜和奶酪裹上面粉用油炸的食物；还有餐包蔬菜，就是素食餐包和蔬菜汤搭配着吃。除此之外，还有用各种方式做的花生和其他坚果，生的、烤的、放在饼上的……

使用香料的菜系

选出一个有代表性的菜？这怎么选得出来，因为在印度有数以千计的特色菜。

香料和米饭

大米是我们的基础食材，除了吃米饭外，我们还把大米磨成粉来制作印度饼。关于香料，它可是做印度菜必需的。根据地区不同，我们习惯吃鸡肉、羊肉、鱼肉或虾，这些菜我们都会放香料，或者用酸奶、香料调配的酱料。欧洲人喜欢叫这种酱料为“咖喱”，但在我们看来它类似米饭调料。

马沙拉

调配香料是一门科学，甚至是一种职业。我们将调料捣碎，分别放在小盒子里。我们从来都不会购买已经配好的调料，而是分别购买制作调料的食材，如姜、小豆蔻、丁香、孜然、姜黄、藏红花……所有的印度人都知道如何将这些调料调配在一起。这些调料可以是干的，也就是粉末状的；也可以是天然的。马沙拉就是一种香料。

jalpaan **开胃菜**

在等待主菜的时候，人们会吃腌制脆饼当开胃菜，那是一种用面粉和扁豆制作的饼。

tandoor **烤 炉**

这是印度北部一种用泥烧制的圆形烤炉。我们会在里面做馕，同样也会用签子烤鱼和肉。

ghee 黄　油

印度的黄油大多是用牛奶制作的，罐装出售。它可以用来做饭或者抹在面包上食用。

各种各样的面食

面粉在印度可是重要的食材，各种各样的面食在我们的生活中是不可缺少的。如印度北部的人们每顿饭都要吃烤饼，烤饼就是用全麦面粉做成的。还有用炉烤的馕、用酥油做成的抛饼，以及煎饼、印度飞饼。各种各样的面食，精致而美味。

饮品

在吃正餐的时候，我们只喝水。其他的饮品只有在吃早餐或小吃的时候才会喝。我们经常喝茶，也喝甜的或者咸的酸奶。我们有自己的苏打品牌 *Thums Up*。

玫瑰、开心果和椰子

说到甜点，我们会在家里做蛋糕，也会去糕点店里买。玫瑰汤圆是一种放在糖水中食用的糕点；糖耳朵是一种螺旋形的糕点；哈尔瓦是一种类似切糕的甜品，里面常常会放入开心果仁。如果要说出一种经常在甜品中使用的食材，那就是椰子。椰子在印度使用率很高。例如，我们使用椰子制作腰果糖——一种以奶为主料做成的糖果。放学后，在回家的路上，我经常会买印度冰激凌。

mithai 糕　点

拉度是一种以小豆蔻为主料做出的甜点。

席瓦妮和阿密特的菜谱

这些菜品，你要在大人的帮助下完成。

这是两个具有代表性的印度菜：印度馕和椰子腰果糖。品尝一下吧！

印度馕

准备时间：20 分钟

加热时间：30 分钟

做 6 个印度馕需要准备：

- 300 克面粉
- 1 杯酸奶
- 1 勺盐
- 1 勺油
- 1 个鸡蛋
- 半袋酵母
- 少量温水
- 50 克黄油

首先准备和面。将面粉、鸡蛋、酵母、盐和酸奶揉在一起，做成面团。加入少量温水让面团变得柔软，然后冷却 10 分钟左右。

将面团分成 6 份，然后在每个面团上撒上面粉，并将面团摊成圆形。在锅中，放入油并加热。将馕放在锅中，每侧加热 5 分钟。最后，用黄油刷一下馕的两侧。这就可以出锅了。

椰子腰果糖

准备时间：10 分钟
加热时间：10 分钟

食材：

- 1 整杯牛奶
- 1/2 杯糖
- 3 杯奶粉
- 1 杯椰子粉
- 3 勺黄油

用小火加热牛奶，然后加入糖，用木勺搅拌，直到煮沸的状态。缓慢倒入奶粉，不断搅拌，不要让奶粉结成块，然后缓慢倒入椰子粉。

加热 10 分钟。然后倒入涂有黄油的盘子中，放进冰箱冷却 1 个小时。

此处独有的风景

在打招呼的时候，我们会双手合十放在胸口的位置，微微低下头。来看一下我们的传统吧！

美丽的传统服饰

印度人非常喜欢打扮，而且追求时尚。传统服饰里，印度女孩一般会选择沙瓦-卡米兹，这是一种长裤和长裙的整体装束。还有女士们穿的纱丽——一种有6米长的衣服，人们将长裙围在身上，并将多余的部分披在肩上。女孩将茉莉花插在头上，作为头发的装饰品。鼻环和鼻钉，也是首饰的一部分，这些都是贴在脸上的小饰品。

puja　祭品

每一个印度教教徒在家中都会准备一个祭台，在上面放上祭品，如蜡烛、花或食物，祈求平安。

各种各样的职业

每个人都可以找到适合自己的工作，在印度有数以千计的职业。很多职业就是路边的小商贩，卖水果的、卖茶的，也有修鞋匠、厨师、理发师以及牙医。甚至还有清理耳朵的职业，他们使用特殊的工具为来往的路人清理耳朵，每次收取30卢比的费用。还有其他特殊的职业，那就是回收员！他们会回收玻璃、纸、纸箱、塑料，然后将这些回收物品卖到回收站。他们将回收的物品放在自行车的拖车里，沿街大喊："回收废品。"

个性的表达

我们如果感觉幸福，就会说："我们的整个身体都在微笑。"在印度，最奇怪的表达是"在水牛前表演"，就是徒劳无功的意思。另外，在感到害怕的时候，我们会说："吓得像猫！"

gadi　车

2008年，塔塔Nano开始走进印度人的视野。这种车车型小，且价格全球最低。

拥有自由的牛

宗教已经融入每个印度人的生活，各地都有大量祭拜的场所，此外，我们也会经常组织活动，包括街上的彩车队游行和音乐表演。我们一直秉持尊重动物的原则，特别是牛，印度人都很爱护牛。在农村，牛粪非常珍贵，晒干就可以用作肥料。牛可以在路上自由行走，没有人会阻拦，即使它们会造成交通阻塞。

yoga **瑜伽**

瑜伽是一种印度哲学，它所要表达的是一种和谐，通过一系列锻炼和修行实现身体和精神的和谐统一。

pugree **头巾**

锡克教是印度的一种宗教。锡克人留着长胡须，从不会剪头发。他们的标志是头上戴着男士头巾。

1

2

3

4

5

6

7

你可以在第 71 页找到这些图片的说明。

词汇汇总

印地语—汉语

akhbaar	报纸
carrom	台球
chalachitra	电影院
gadi	车
ischool ki wardi	制服
kolam	图案
mahatma	圣雄
mudras	手印
padne ki kitab	教材
pan masala	促消化香料
pratinidhi	代表
puja	祭品
sarvsresth	冠军
tandoor	烤炉
toffy	糖果
yoga	瑜伽
bhai aur behen	兄妹节
chai	茶
cricket ka khilari	板球运动员
ghee	黄油
jalpaan	开胃菜
mahal	墓地
mithai	糕点
nayika	演员
paisa	货币
path karm	课程
pugree	头巾
rashtrapati	总统
sitara	明星
thali	塔里
vidyalaya	私立学校

这就是第 59 页阿密特和艾玛的对话：

你好，我的名字叫阿密特。我 9 岁了，你呢？

你好，我的名字叫艾玛。我 10 岁了，住在法国。

那么，你觉得新德里怎么样？你喜欢这个城市吗？

它很大，给我留下了深刻的印象。我所在的城市要小很多。

你想吃冰激凌吗？街头有人在卖。

好呀！我要吃一个无花果冰激凌。

我去公园放风筝，你来不来？

我去不了，我要和父母乘坐人力车回家。

希望下次还能见到你。能给我你的邮箱吗？

好的，我们可以通信。谢谢你的接待，回头见。

❶ 人们用五颜六色的绸缎来制作印度传统服饰。

❷ 黄金寺庙是锡克社会的文化中心和精神寄托。

❸ 塔尔沙漠是世界上人口最密集的沙漠。在这里人们把骆驼作为交通工具。

❹ 孟加拉虎生活在自然保护区。

❺ 喀拉拉邦河道地区是运河和河流聚集区，人们在这里通过船来运输商品。

❻ 生活在喜马拉雅地区的印度游牧民族。他们喂养克什米尔山羊，收获羊毛和羊绒。

❼ 阿楚塔拉亚寺庙遗迹是被联合国教科文组织列入名录的世界文化遗产之一。

❽ 风之宫殿的正面有超过 500 个壁柜和窗户。这可以让宫殿里所有的女士看到外面，却能避免自己被看到。

❾ 驾驭大象并把其作为交通工具的人被称为赶象人。

❿ 在“蓝色之城”焦特布尔，城市里大部分的房子被刷成了蓝色。

⓫ 印度的经济中心班加罗尔，被誉为“亚洲硅谷”，那里有很多现代化的建筑。

⓬ 黄色的出租车是印度的招牌，穿梭在从加尔各答到德里的大街小巷。

⓭ 印度是世界上第二大产茶国。大吉岭茶被称为“茶中的香槟”。

⓮ 大吉岭喜马拉雅铁路非常有名，是印度最早的铁路之一，1999 年以环山铁路的经典之作被纳入世界遗产清单中。

一会儿见！

亚
洲
新德里
印度

去旅行

想不想体验下浪漫的冰雪王国？你知道有一个地方太阳每年会消失4个月的时间吗？你想听维京人航海的故事吗？你想看狗拉雪橇的比赛吗？同索尔维格和马格努斯一起来领略一下挪威人的文化和生活方式吧！

跟我
游挪威

[法]英格丽德·范·胡德霍夫
[法]西蒙·德康（文）
[法]卡米耶·拉杜斯
[法]朱利安·卡斯塔尼耶（绘）

去旅行 2

欢迎来到挪威

从北部到南部，我们将陪你们游遍整个挪威。这里的自然风光美丽宜人！

你好，我的名字是索尔维格

我今年10岁，生活在奥斯陆，挪威的首都。我的爸爸是一家公司的职员。妈妈是一位音乐人。她教会了我拉小提琴。周末，如果天气不错，我们就会驾驶摩托艇去奥斯陆峡湾。有的时候，我们驾船在岛屿中穿行，父亲会允许我双手扶着围栏向外看，身边是湛蓝的海水，景色太美了。

嗨，我的名字是马格努斯

我今年9岁，住在斯沃尔韦尔，这里是罗弗敦群岛的重要港口，位于挪威的北端，我们就在北极圈附近。我们居住的地方四面环水，大海决定了我们的生活。我的爸爸是一名渔夫，他拥有自己的船。每年1月到4月的渔季是渔民最紧张繁忙的日子，这时妈妈也要去帮忙，她的工作是把打来的鳕鱼从网上摘下来。我的兴趣爱好？我喜欢周末的时候跟着大人们去海上捕鱼，在那里，我可以学习如何在未来成为一名渔夫。

神奇的领土

挪威位于欧洲北部，形状狭长，领土一直延伸到北极圈。挪威还是世界上海岸线最长的国家之一，全国共有5000多个岛屿，其中只有2000多个有人居住。

PASS
PASSPORT

NORGE NOREG NORWAY

挪威

首都： 奥斯陆

面积： 38.5万平方千米（包括斯瓦尔巴群岛、扬马延岛等属地）

人口： 523.3万（2016年）

语言： 官方语言为挪威语，通用英语

政体： 君主立宪制

国家元首： 哈拉尔五世

首相： 埃尔娜·索尔贝格

斯瓦尔巴群岛

斯瓦尔巴群岛位于北冰洋中部，挪威和北极中间的位置。其中，最著名的岛是斯匹次卑尔根岛，群岛首府朗伊尔城就坐落在这个岛上，岛上共有居民2000余人。他们最近的邻居，应该就是——北极熊！

历史知识

挪威的历史在很长一段时间里都同丹麦和瑞典联系在一起。但是在1905年以后，挪威有了自己的国王。

knarr　龙头船

维京船上有方形的船帆，船体修长，可以达到20米。维京船的船首一般都会被装饰得很好，通常是龙头雕像，所以有人把维京船称为龙头船。

挪威人的祖先维京人

来自北欧的维京人既是商人又是探险家。在中世纪时，他们的足迹遍布沿海各地，进行贸易也征服新的土地。如今我们虽然称维京人是野蛮的战士，但实际上他们首先是航海家。他们在英格兰、法国、爱尔兰甚至是美洲大陆都建立了据点。维京人的探险活动直到公元11世纪才结束，那时分裂的挪威王国已经实现了统一。

萨米人，挪威北部的民族

我们有时候称他们为拉普人，但是他们更加喜欢被称为萨米人。萨米人居住在挪威北部，属于一个非常古老的民族，是最先定居在挪威的人。如今，他们已经是挪威公民了，但是仍然保留自己的旗帜和语言。他们有驯养驯鹿的传统。

核心词汇

领土： 在一国主权下的区域，包括一国的领陆、领水、领陆与领水之下的底土，以及领陆和领水之上的领空。

斯堪的纳维亚： 斯堪的纳维亚半岛地处欧洲边缘的极北之地，包括挪威、瑞典和芬兰3个国家。

宪法： 国家的根本法。通常规定一个国家的社会制度、国家制度、国家机构、公民的基本权利和义务等。它在一个国家的全部法律中具有最高的权威和最大的效力，是制定其他法律的依据。

政府： 即国家行政机关。按管辖范围区分，单一制国家有中央政府和地方政府，联邦制国家有联邦政府和邦（州）政府。政府的具体组织形式和名称，国与国之间各不相同。

欧盟： “欧洲联盟”的简称。它由欧洲共同体发展而来，以建立欧洲经济货币联盟和欧洲政治联盟为目标，是在世界上具有重要影响的区域一体化组织。

斯堪的纳维亚联盟

中世纪末期，挪威失去了独立的国家地位。它先是被丹麦占领，从1814年开始又被瑞典统治。1814年5月17日，它通过了自己国家的宪法并正式施行，于是，这一天也成为挪威的国庆节。尽管挪威从此有了自己的政府和法律，但是它仍然接受瑞典国王的统治。直到1905年，挪威才在真正意义上实现了独立。挪威从此可以选择自己的国王，建立属于自己的民主制度。

valuta 货币

挪威的硬币上是皇冠的形状。挪威的货币是挪威克朗，在挪威语中，我们叫它Nok。有些硬币的形状非常有趣，它们的中间有小孔。

konge 国王

哈拉尔五世（左一）是现在的挪威国王。他于1991年1月21日继承其父亲奥拉夫五世的王位。他现在和家人居住在奥斯陆的王宫中。

欧盟之外的国家

尽管从地理的角度看，挪威属于欧洲，但是它并没有加入欧盟：在1994年，挪威人投票否决了加入欧盟的动议。但是挪威属于欧洲经济区，这让挪威人可以在欧洲自由地进行商品贸易。

国王和议会

挪威是一个君主立宪制国家，也就是说国王是国家元首，但是国王的权力受到宪法的限制。政府是由首相领导的，会向议会建议制定各种法律。议会是我们国家的主要政治机构，因为它有投票决定法律的权力。

flagg 国旗

蓝红白三色旗是象征着自由的旗帜。对于挪威人来说，国旗非常重要，我们会在重要的日子升起国旗，如生日、婚礼、天气好的时候……

我们的学习状况

在这里，小学共有 7 个年级。马格努斯现在三年级，而我四年级。你想和我们一起去上课吗？

我们的学校

小孩子会去学前班性质的幼儿园。小学和初中是义务性和综合性的，6 到 16 岁的孩子必须去上学。大部分学生会选择公立学校。我们的学业从小学开始算起。一年级到七年级相当于我们的小学阶段，八年级到十年级相当于我们的初中阶段。在十年级之后，我们将会参加全国统一的考试，以便在进入高中之前测试一下我们的知识水平。

你应该上哪个年级？

6—7 岁	一年级
7—8 岁	二年级
8—9 岁	三年级
9—10 岁	四年级
10—11 岁	五年级
11—12 岁	六年级
12—13 岁	七年级

votter 连指手套

我们不穿校服，但是在冬天的时候，连指手套、软帽和围巾是户外必需的，因为天气太冷了。它们都是我们的妈妈用羊毛织的。

miljø 环 境

为了让我们学习环境保护方面的知识，老师会给我们上一些专门的常识课程，例如如何为垃圾分类。

没有分数

在小学，我们是没有考试分数的，也不会重修。但我们依然会努力学习，因为老师会对我们的学习进行评估，并且将评估结果交给我们的父母。我们在初中之前都不会有成绩。

各种各样的课程

我们从6岁开始就要学英语，有这种要求的欧洲国家比较少。因此，我们的英语基础都很好，而到了13岁，我们会选择学习第二门外语。在小学的时候，我们学习英语、挪威语、数学、历史、地理、科学和环境课程。我们同样还有音乐课、雕塑课以及厨艺课和宗教类课程。我们经常会组成小组学习，大家一起集思广益。在我们的教育中，学生自身的独立性是很重要的。

所有人都参加户外活动

户外活动在我们的教育中占据很重要的地位。每周，即使天气很冷，我们也会照例出门走进大自然。学校附近的森林是我们经常去的地方。老师很喜欢在那里上体育课，有的同学在那里滑雪，有的孩子玩起打雪仗的游戏。这时候，那些高年级学生会去学校附近的滑雪场滑雪。

lavvo 椭圆形帐篷

为了取暖，我们会在学校周围建一个椭圆形帐篷。同学们在里面可以生火、炸爆米花、喝热巧克力。

假期

这里开学一般比中国要早。这很正常，因为我们的假期是6月中旬开始的。此外，在一年当中，我们有5周的假期，分别在10月份、圣诞节、2月份和复活节。

在班级的一天

我们的课程下午很早就全部结束了。这让我们有足够的时间完成作业以及和朋友玩耍。

7:10

闹铃响了。在洗漱之后，我要和爸爸妈妈一起吃丰盛的早餐。这里的冬天很冷，我们得穿暖一些。妈妈早就为我们做好了过冬的准备，我们要穿双层的滑雪运动服、羊毛靴子，戴上连指手套、厚厚的围脖和帽子。在外裤里面，我们还要穿紧身裤。当一切准备好之后，我就同我的小伙伴一起乘校车去学校。

8:30

开始上课了。每堂课 45 分钟。同学们喜欢上课，因为老师总是以一种非常有趣的方式为我们安排课程。我们在数学课后，可能会继续上烹饪课；或者在地理课后，会上体育课。这样的安排有助于我们在课上更加专注。

安全第一

为了能够安全地去学校上学，孩子们总是在最外面穿上绿色的背心，排队前行。这可以让路上的司机清楚地看到学生，特别是在冬天天气阴沉昏暗的时候。

11 : 30

吃饭了！每个学生都会拿出自己的午餐盒，里面放着从家里带来的面包片。午餐的时间只有半小时，同学们会集中到一个教室里用餐。午餐后，我们开始上一天中的最后几堂课。

14 : 00

课程结束了。索尔维格回到家中，一边做作业，一边等待父母回家。因为我年级更低，所以放学后我依然和小伙伴们留在学校里。当作业完成后，我们就会出去玩，有时我们会做一些集体活动，一直等到家长来接我们。

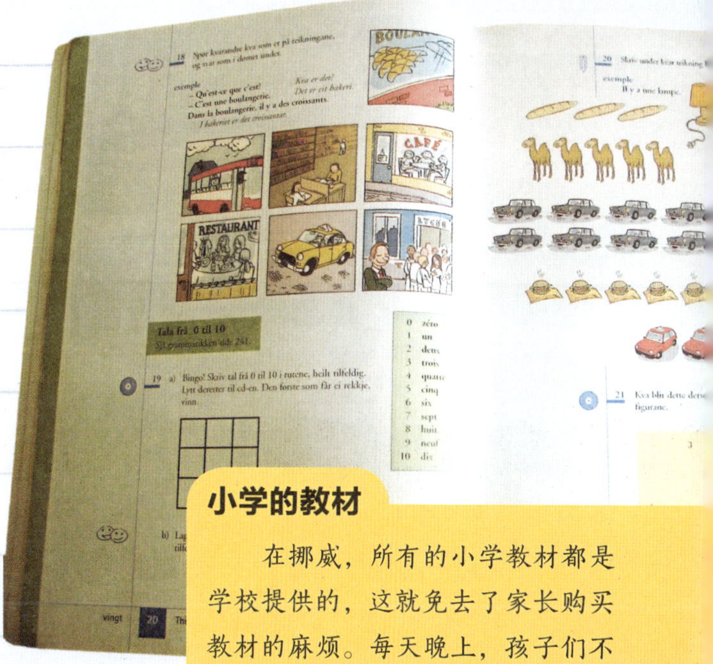

小学的教材

在挪威，所有的小学教材都是学校提供的，这就免去了家长购买教材的麻烦。每天晚上，孩子们不用背着沉重的书包，他们只会带做作业需要的书，而将其他书本都留在学校里。

16 : 30

全家人都回到家里，这是我最喜欢的时刻。我们一起品尝一天中唯一的热饮。在晚饭之后，我们有时会按照自己的兴趣去户外参加一些文化活动或者体育游戏。有的时候，我们只会留在自己家里看电视。首先是17点的新闻联播，然后是电视连续剧。

buss 校车

司机认识所有的学生，校车会在每个学生家的前面停下来。有些孩子住在较远的海边，所以他们会早早地乘船来上课。

户外的休闲时光

在不上课的时候，马格努斯和我会到户外玩耍。你知道我们都做什么吗？

放学后

作业完成后，我们就有时间去从事体育活动和文化活动了。每周二下午，马格努斯都会在音乐学校上吉他课，而我则同小伙伴们在俱乐部学习手球。我现在是球队的队长。在挪威，手球是深受女孩子喜爱的运动。冬天，运动场都会结冰或者积雪，我们能在供暖的大体育馆里进行活动。所以，一整年我都可以从事我喜欢的体育运动。

野营之王

在假期的时候，我们总是去户外野营。在挪威，法律对于野营有严格的规定。比如我们不能在住宅或农场附近野营，也不允许在同一个地方野营超过两天时间。

grill 室外烧烤

我们不怕寒冷。冬天的时候，我们甚至在雪上生活，一家人一起烤香肠。很惬意，不是吗？

冬天滑雪，夏天划船

挪威人喜欢尽可能多地待在户外，我们会在户外做很多运动。冬天的时候，孩子们都喜欢滑雪。马格努斯会进行高山滑雪或者回到他居住的岛上，在那里他甚至可以从滑雪场看到大海。而我，则喜欢越野滑雪，尽管我住在奥斯陆，距离滑雪场较远，但是这并不影响我从事越野滑雪运动，我需要从市中心乘坐地铁直接到滑雪场。夏天的时候，马格努斯同他哥哥一起在海上划皮艇。而我则同父亲乘船去峡湾游玩。如果这时海水不冷，我就会下水游泳，否则我会在桥上晒太阳。

hytte **小木屋**

有一些小木屋是没有电的，而且卫生间也在室外。这些都是最古老，也最远离城市的地方。不过距离不是问题，一点也不会影响大家的兴趣，因为这样才能让我们真正走进自然界。

在小木屋过周末

大部分在城市里居住的挪威家庭在农村或者山里拥有一栋小木屋。我父母的小木屋在一片大森林里，距离奥斯陆有几小时的车程。我们经常在周末去那里度假，这是大家非常喜欢的休息方式。当天气晴朗、气候温润的时候，我们会在森林里散步，呼吸新鲜空气，我们也可以采蘑菇和山果。秋天是收获的季节，我们大家会相约去果园采摘梨和苹果。

刀不离身

从6岁开始，我们就在父母的指导下学习使用刀具。这对我们很重要，因为我们经常在森林里活动以及捕鱼，刀是非常有用的工具。同我的小伙伴一样，无论何时何地，我都习惯在口袋里揣一把小刀。

激情的滑雪运动

在我们国家，冬天会下很多雪，所以滑雪是我们的标志性体育活动。我们发明了两种滑雪的方式。你想知道是什么吗？读一下后面的文字吧！

sledehund

狗拉雪橇

在狗拉雪橇比赛中，人们会在雪橇前面套上雪橇犬，最多的时候可以套10多只。这种狗非常适应寒冷天气，能够一天奔跑100千米。

动物朋友

在挪威，狗拉雪橇作为一种交通工具在雪地上是极为常见的。每一年，在挪威北部都会举行狗拉雪橇比赛。有10余支代表队在1000千米的赛场比赛。这种比赛叫作冬季WCH狗拉雪橇长距离赛。赛事临近，全世界狗拉雪橇比赛的优秀男女选手都会云集于此。他们当中，有很多是挪威人。

女子手球冠军

除了滑雪外，挪威的国家女子手球队是最令我们自豪的。多年来，这些姑娘多次获得世锦赛冠军，也在伦敦奥运会女子手球决赛中获得冠军！

skihopping 跳台滑雪

在跳台上急速冲下时，选手借力跃向空中，将滑雪板微微张开成 V 字形，以便可以迎着气流翱翔，在空中飞行得更远。

雪上的飞行者

作为雪上的强者，我们的祖先在很早之前就发明了跳台滑雪和弓步式转弯。你肯定看到过跳台滑雪比赛，特别是在冬季奥运会的赛场上。选手们能够在空中以超过 100 千米每小时的速度飞行，并且能飞行好几秒钟，这是一个属于勇敢者的项目。你也许对弓步式转弯了解得较少。这是一项诞生于挪威南部泰勒马克郡的比赛。这种滑雪板非常特殊，它只固定住滑雪者的脚的前部，这样滑雪者可以通过弯曲膝盖完成转弯。

环法上的挪威人

挪威自行车运动员托尔·胡舒福德是环法自行车赛场上最出色的冲刺选手之一。他已成为挪威人心中的英雄，所有看环法的挪威车迷都支持他。很多人甚至为了看到他的现场比赛而来到法国。

mester 冠 军

佩特尔·诺萨格是世界上最著名的越野滑雪选手之一。2011 年在奥斯陆，他第 7 次获得了世界冠军。

越野滑雪，充满激情

你知道挪威的滑雪选手赢得了最多的世界越野滑雪冠军奖牌吗？2011 年，世界滑雪锦标赛在奥斯陆举行。我很幸运地观看了很多比赛，最喜欢的是滑雪射击，它不仅要求选手在最短的时间内完成滑雪，并且还要尽可能地瞄准靶心，完成射击。除了大型比赛，在挪威到处都能看到滑雪场。遇到冬天雪大的时候，我妈妈甚至会滑雪去上班，是不是很有趣啊？

节日中的国家

圣诞节和复活节对我们来说是一年中最重要的节日。当然，我们的国庆节也很重要。让我来介绍一下这些节日。

太阳节

在斯瓦尔巴群岛，特别是在它的北部，人们从 10 月底到次年 3 月初是看不到太阳的。我们把这种现象叫作极夜。于是，在 3 月 6 日左右，第一缕阳光重新出现在地平线上时，居民就会庆祝重见阳光。在这一天，不分男女老幼，我们会不约而同地聚拢在一起，举行大型的露天狂欢节，届时会有戏剧表演、歌剧表演和动画表演。

圣诞节的灯火

12 月初的时候，我们会用发光的花环、蜡烛、精灵或者天使的玩偶装饰我们的房子、街道和花园，布置出一种节日气氛。而我们都在期待的装饰圣诞树，一直要等到 12 月 23 日平安夜前才能开始。24 日，我们全家人会团聚在一起品尝圣诞大餐，大人打开圣诞礼物分赠给孩子们。第二天，我们会去朋友家，拜访亲友，一起分享喜悦。

nasjonaldag

国庆节

5月17日早上，挪威每个地方的孩子都会穿着传统服饰，举着国旗和学校的旗帜游行。这是一个热闹和快乐的节日。

国庆节

每年的5月17日，我们举行庆祝活动，纪念1814年5月17日通过我们的第一部宪法，这是国家独立的标志。这一天，所有挪威人都放假。在军号声中，大家身披国旗走出家门。在奥斯陆，大家会聚集在王宫前。国王会带领全家人在阳台向大家问好。这是一个非常受欢迎的节日，也是马格努斯和我最期待的节日。

属于家人的复活节

复活节假期也是我们期待的，因为在整整5天的时间里，大家都不用工作。从复活节前一周的星期四到复活节那一周的星期一，商店闭门歇业，学校也放假了。很多挪威人会去自己在山里的小木屋度假，在那里悠闲散步，享受自然风光。周日的时候，我们会聚集在一起品尝复活节大餐，一般我们会准备羔羊肉。我们还会相互赠送彩蛋，直到我们的礼物箱装满巧克力和糖果。

fyr

篝　火

在圣汉斯节，6月23日，我们小朋友会在一起庆祝夏至这个一年中白天最长的一天。围绕着篝火，我们一起唱歌、跳舞、演奏音乐、烧烤。

重要的日子

2月6日： 萨米民族日

2月21日： 哈拉尔五世生日

5月17日： 国庆节（宪法日）

6月7日： 独立日（瑞典-挪威联盟解体）

6月23日： 圣汉斯节

热爱探险
和向往艺术的国度

挪威的一些艺术家和探险家在世界上都是非常著名的。
让我们向你介绍一下。

polarekspedisjoner 极地探险

在挪威北部，特罗姆瑟是前往北极探险的出发地。市中心的雕塑是在向伟大的探险家 R. 阿蒙森致敬。

和平奖

诺贝尔和平奖久负盛誉。这个奖项每年 12 月 10 日在奥斯陆市政厅前颁发给为世界和平作出卓越贡献的个人或组织。获奖者由挪威议会任命的诺贝尔委员会评选产生。1922 年获得诺贝尔和平奖的探险家和外交家弗里乔夫·南森是少数获奖的挪威人之一。

征服极地

许多极地探险者来自挪威。他们当中最著名的一位是 R. 阿蒙森，因为他在 1911 年驾驶“奋进号”船在人类历史上第一次到达了南极点。他还是第一个乘坐飞艇到达北极点的人，他将这艘飞艇命名为“挪威号”。其他的探险家中也不乏伟大的人物。例如弗里乔夫·南森，他在 1888 年成为第一位横穿格陵兰岛的人。

世界闻名的画家

爱德华·蒙克是20世纪初的挪威著名画家。他最著名的一幅画是《呐喊》，并且有4个不同的版本。正是由于这幅色调昏暗、奇怪的油画，他被称为表现主义画派的先驱。这幅画被广泛印制在海报、茶杯、鼠标垫、T恤上。当然，这绝不是这个画家的唯一作品。他还创作了数以千计的作品，我们可以在奥斯陆博物馆欣赏到，因为他将很多作品捐赠给了奥斯陆市。

maleri 名画

《呐喊》是爱德华·蒙克的著名画作，因为非常值钱而几次被盗。最后的一次发生在2004年的奥斯陆蒙克博物馆。幸运的是，两年之后，画作失而复得。

musikkgruppe 乐队

20世纪80年代红极一时的A-Ha乐队，虽然唱英文歌，但却是挪威乐队。他们的单曲*Take on Me*红遍全球。你的父母也可能在年轻的时候为这首歌而疯狂。

完全来自童话

巨魔是我们在挪威童话中经常见到的形象。他长着长长的鹰钩鼻，4个手指，4个脚趾，有的时候还有1条长绒尾巴。我们总是说巨魔生活在森林里，只在夜间出没，因为害怕日光将他们变成石头。有些巨魔很善良，有些巨魔很邪恶，但他们的脾气都很差！这些小角色总是被做成小雕塑放在纪念品商店销售。

一门难学的语言

（熊出没，注意）

挪威语是一门非常难学的语言，因为它的发音和拼写都非常奇怪。

北欧人之间的交流

挪威人口已经超过500万，主要说挪威语。它同丹麦语很接近，因为我们被丹麦统治时，我们的祖先就说丹麦语。事实上，随着时间的流逝，很多丹麦语中的词汇和语法发生了变化，这就形成了挪威语。现在，我们能够很轻松地理解丹麦语和瑞典语。我们可以使用各自的语言，却并不妨碍我们交流，这很有趣。

萨米人的语言

萨米语是生活在挪威北部的萨米人的母语，使用这门语言的人大约有3万。萨米语是挪威的语言之一，但是由于同书面挪威语和新挪威语有巨大的区别，所以如果没有学过这门语言，挪威人也听不懂萨米语。

一个国家的两种语言

挪威有两种书写形式的挪威语：书面挪威语和新挪威语。人们很容易理解这两种语言，因为它们非常接近。在国家的绝大部分地方，人们使用书面挪威语，而新挪威语则主要在西部使用。在学校，教师主要使用书面挪威语，但是学生同时学习读写这两种语言。

kino 电 影

外国电影和电视播放时一般都用原来的语言（英语、法语、西班牙语……），但字幕使用挪威语。

我的名字叫德奥，我是法国人，同你一样，我也9岁。

是的，我来这里和父母徒步旅行。你住在这里吗？

我爸爸也是，他在布列塔尼也有一条帆船，我们就住在那里。但是我们不用它去钓鱼。

我从没有学过捕鱼。但是我在落潮的时候去拾扇贝。

好哇！我想去！我去问一下他们。希望他们能同意。

是　不是　你好　谢谢　朋友　再见

请放上对应页的硫酸纸，然后翻到第104页，看看他们在说什么吧！

不加热的美食

我们是冷餐之王，每天只在傍晚的时候吃一顿热餐。

无处不在的面包片

我们7点钟左右吃早餐，传统的挪威早餐非常丰盛。我们习惯吃抹果酱的甜面包片，有时面包上还会涂抹调料或者蜂蜜，还有配鱼或香肠的咸面包片。11点半的时候，人们开始吃午餐，主食依然是早上准备好的面包片。午餐的面包片种类也十分多样。在面包片上，我们可以放黄瓜、火腿、蛋黄酱以及鳕鱼子，当然也可以放我们挪威特有的棕奶酪。

brød 面　包

挪威有各种各样的面包，全麦面包、棕面包以及谷物面包。这些面包都很硬，但很好吃，我们经常吃的就是这些面包片。

家庭晚餐

我们放学回家，大人们也从工作单位回来，我们可以在家共进晚餐。一般在17点的时候，我们和爸爸妈妈围坐在一起享用一天中唯一的热餐。而在周末的时候，这样的热餐要提前到16点。我们很喜欢吃比萨或者汉堡。有些时候，我们会选择吃甜点，例如云莓奶油，这是一种云莓和鲜奶油拌在一起做成的甜点。晚上，如果饿了，我们还会吃面包片，配上小熏鲱鱼、腌制小黄瓜和酸奶。

multe 云　莓

这种浆果是黄色的。我们制作甜点时，会使用这种水果，当然云莓也可以生吃或者配上鲜奶油吃。我们还会用它制作果酱或者糖浆。

午间便餐

中午的时候，我们没有真正意义上的午餐时间，因为我们需要留在学校或者单位继续学习、工作。在短暂的午休当中，每个人都会拿出餐盒——一个装着2到3片面包片的小盒子，以及一个装热巧克力或者咖啡的保温瓶。大人和孩子都会带着餐盒，这是我们的传统。

pepperkake

姜饼

孩子们会和父母一起准备圣诞饼干，我们很喜欢亲自动手，在上面点缀如“圣诞快乐”的字样。它们常常是心形、星形、杉树形。有的时候，我们还会在饼干上系上饰带，把它们挂在窗户上。

节日菜单

圣诞大餐是一年中最重要的一次聚餐。在这一天，大人们会在厨房忙碌好几个小时，准备面包、糕点和肉菜。这是一年中少有的时候，我们完全自己动手做饭。大家会比以往花费更多的时间在就餐上。这顿饭一般都是自助餐的形式，菜会按顺序上来：首先是开胃菜（鱼、熏肉和各种沙拉），然后是热菜（酱汁肉），紧接着是奶酪，最后是甜点。这对我们来说可是不常见的。

早上的甜点

我们在超市、学校路上的报亭中都能看到圆面包。其中有原味的，也有奶油、巧克力或者葡萄的。我们通常是在面包刚刚出炉的时候趁热吃。孩子们在吃面包时总是会配一杯奶，大人们则习惯加一杯咖啡。

从鳕鱼到鹿肉

鹿肉、甜棕奶酪……你了解这些典型的挪威食物吗？我们是非常喜欢吃鱼肉的！

torsk 鳕 鱼

在罗弗敦群岛，捕到鳕鱼后，我们会将鳕鱼挂在巨大的木架子上慢慢晒干，要挂整整一个春天。然后我们会将它们储存起来或者卖掉。

最爱的鳕鱼

我们国家靠近大西洋，所以有丰富的水产品，鱼的品种也非常多，每年我们可以捕到大量的鱼。鳕鱼是我们最喜欢的一种鱼，特别是对沿海的居民来说，当然也包括我在内。每年的1月到4月是捕获鳕鱼的季节，人们每天不分早晚地在挪威北部，如罗弗敦岛附近捕捞鳕鱼。我们用不同的方式品尝鳕鱼，晒干是储存鳕鱼的一种方式，我们也常常腌制甚至生吃。三文鱼也是我们国家的特产，不同于别的国家只在节日的时候食用，三文鱼是我们的日常食物，甚至早餐的时候我们也会吃三文鱼。

laks 三文鱼

三文鱼的吃法很多，其中最美味的方式是腌制三文鱼。为了腌制美味的三文鱼，我们要将鱼肉放在盐、糖、辣椒油中浸泡。

羊头

在年末过节的时候，我们才会吃炖羊头这道菜。羊头是早早就被腌制并且晒干的，然后我们可以把卷心菜、土豆和羊头放在一起炖，炖好后食用。这样做的羊头口感和羊排一样，羊头的每一个部分都可以吃，甚至包括眼睛。

bidos 炖驯鹿肉

在炖驯鹿肉的锅里加入胡萝卜、洋葱和土豆等，慢慢炖上几个小时再食用。这是生活在挪威北部的萨米人爱吃的传统菜。

牛肉、羊肉和驯鹿肉

挪威肉丸是日常最受我们欢迎的一道菜，这是一种用肉汁调制的牛肉丸。我们一般都会把它和土豆放在一起吃，土豆是我们几乎每天必吃的热菜。住在挪威北部的人也喜欢吃驯鹿肉，他们的吃法很多，可能会用炖、腌制或是熏制的方法。如果是圣诞节或是生日大餐，我们喜欢吃羊肉。我的妈妈很会做挪威羊肉炖卷心菜，这是一道将羊肉和卷心菜放在一起炖的菜，做起来工序并不复杂，但非常美味。

比萨爱好者

我们经常听人说速冻比萨是挪威的国菜。这听起来有些夸张，但在我们的食谱当中，速冻比萨确实占有重要地位。目前我们已是欧洲最大的比萨消费国，我们钟爱自己的比萨品牌 Grandiosa。

Kvikk Lunsj “快速午餐”巧克力

在远行的时候，我们总会带上这种巧克力饼干，因为长途跋涉要消耗体力，它可以带给我们足够的能量。事实上，即使在平时，我们也经常吃这种巧克力饼干。

特殊的奶酪

棕奶酪是一种羊奶酪，在别的地方不容易找到它，因为这是挪威特产。这种棕色的奶酪略带甜味。我们用专用的奶酪切片刀将奶酪切成薄片，然后放在面包或者烤面包片上，就如同蛋挞一样。妈妈有时候也会放些调料，它们带有淡淡的焦糖味，我们都很喜欢。

索尔维格和马格努斯的菜谱

马格努斯将会告诉你如何做美味的挪威肉丸，而索尔维格会告诉你她最喜欢的甜点苹果蛋糕是怎么做的。

挪威肉丸

准备时间：25 分钟

加工时间：20 分钟

这些菜，你要在大人的帮助下完成。

准备 5 人份，你需要：

- 700 克切碎的肉
- 1 颗大洋葱
- 2 个鸡蛋
- 2 勺牛奶
- 2 勺面粉
- 2 勺泡打粉
- 盐和胡椒粉
- 黄油或油
- 盆、平底锅

将洋葱切成小块（可以让你的父母帮忙，因为这可能会让你流眼泪）。将切碎的肉放在盆里，再放入两个鸡蛋，搅拌均匀。接着倒入剩余的调料：小块洋葱、牛奶、面粉、泡打粉、盐和胡椒粉。然后再次搅拌，直到所有的配料完全混合。把馅料用手团成丸子的形状。你可以借助汤勺，这样就可以做出鸡蛋大小的圆球了。将肉丸放在盘子里，撒上面粉，以免它们粘在一起。在平底锅里放上黄油或者其他食用油，然后慢慢地将肉丸放在锅里，用中火炸 5 分钟左右。在这个过程中，要让肉丸受热均匀，直到整个肉丸都变色为止。然后将它们放在碟子中，你可以在食用时配上土豆泥或者豌豆。

苹果蛋糕

准备时间：20 分钟

加工时间：40 分钟

准备 6 人份，你需要：

- 600 克苹果
- 100 克糖
- 125 克面粉
- 50 克黄油
- 3 个鸡蛋
- 1 袋香草糖
- 1 袋泡打粉
- 一些桂皮粉
- 盐
- 1 个盆，1 个蛋糕模

将黄油放入平底锅中，用小火加热融化黄油。在这期间为苹果削皮，然后把苹果切成 8 块。让你的父母将烤箱预热到 180 摄氏度左右。接着把鸡蛋打到盆里，加入糖，迅速搅拌，直到有气泡产生。然后加入面粉、融化的黄油、泡打粉和一小撮盐。再次搅拌以便能够做出面团的形状。将面团倒在 24—26 厘米宽的蛋糕模里，不要忘记在模具底部抹上黄油。然后将苹果放在面团上，撒上桂皮粉和香草糖。把蛋糕放在烤箱里烤 40 分钟，然后就可以开吃了！

独具特色的挪威传统

我们有一些独特的传统和习俗。你将会了解到应该如何向别人问好，这非常实用，以免在交流中产生误会。

色彩鲜艳的服饰

在重要的家庭活动或者国庆节的时候，我们会穿上挪威的传统服饰布纳德，以示庆贺。这种服饰的色彩非常鲜艳，上面有刺绣、饰带和首饰。它近似于我们祖先在19世纪时的服饰。在挪威，无论是大人还是孩子，每个人都有这样的衣服。服装的颜色因人们居住的区域不同而有所差别：索尔维格住在奥斯陆，她的衣服同马格努斯的服装就有很大的不同。你能发现它们的区别吗？

交流中不会用“您”

在挪威，用“您”这种称呼是非常罕见的。即使是面对不认识的人，例如在邮局或者面包店，我们也总是使用“你”来称呼对方，除非你遇到了国王或者他的家人。所以不要犹豫，在交流时，大胆使用“你”来称呼对方。

husky hund 哈士奇

作为雪橇犬，哈士奇在挪威非常受欢迎。它们长得像狼，但是性情很温顺，和主人很亲近，也十分可爱。

midnattssol 极昼

这张照片是在午夜时拍的。夏天，在挪威的北部，太阳是永远不落山的，这就是极昼名字的来源。在挪威南部，太阳大约在23点落山，在凌晨3点升起。

注意，不要使用贴脸礼

在相互问好的时候，我们是不会用贴脸礼的。如果你第一次遇到一个挪威人，你可以握住他的手问他的名字。握手是我们国家第一次见面问候的方式，即使在女孩之间也是如此。但是，当我们遇到老朋友的时候，我们也会热情地拥抱对方。这也是一种脸贴脸的问候方式，区别是我们不会亲吻对方的脸颊，除非是在爱人之间、家人之间……

奇怪的表达

挪威语同其他语言的表达方式有很大的区别。我们不会说“幸福得像朵花儿”，而会说“幸福得像小提琴”。如果雨下得很大，我们就会说“魔法师的降雨”。另外，如果你被邀请到挪威人家里做客，不要忘记在用餐后说“谢谢款待”，如果不这么说，是非常失礼的。

必须穿室内鞋

我们有一个不变的习惯，就是不论大人孩子，在进入房间或者走进教室的时候一定要换上室内鞋。这可以避免在室内留下雪水或者尘土。我们的父母也是一样。在工作的时候，他们会脱掉在外面穿的鞋，换上室内鞋到办公室工作。被邀请去别人家做客的时候，我们甚至会自己带着室内鞋。

1

2

3

4

5

6

7

8

9

10

11

12

13

14

你可以在第 105 页找到这些图片的说明。

词汇汇总

挪威语—汉语

bidos	炖驯鹿肉	*brød*	面包
buss	校车	*flagg*	国旗
fyr	篝火	*grill*	室外烧烤
husky hund	哈士奇	*hytte*	小木屋
kino	电影	*knarr*	龙头船
konge	国王	*Kvikk Lunsj*	“快速午餐”巧克力
laks	三文鱼	*lavvo*	椭圆形帐篷
maleri	画	*mester*	冠军
midnattssol	极昼	*miljø*	环境
multe	云莓	*musikkgruppe*	乐队
nasjonaldag	国庆节	*pepperkake*	姜饼
polarekspedisjoner	极地探险	*skihopping*	跳台滑雪
sledehund	狗拉雪橇	*torsk*	鳕鱼
valuta	货币	*votter*	连指手套

这就是第93页马格努斯和德奥的对话：

你好，我的名字叫马格努斯，我9岁了。你呢？

我的名字叫德奥，我是法国人，同你一样，我也9岁。

你来罗弗敦岛度假吗？

是的，我来这里和父母徒步旅行。你住在这里吗？

是的，我住在海边的房子里！我爸爸是一位渔夫，他有一艘船。

我爸爸也是，他在布列塔尼也有一条帆船，我们就住在那里。但是我们不用它去钓鱼。

在这里，我们捕捞鳕鱼。你会捕鱼吗？

我从没有学过捕鱼。但是我在落潮的时候去拾扇贝。

你想和父母一起上我爸爸的船吗？我们去捕鱼！

好哇！我想去！我去问一下他们。希望他们能同意。

❶ 我们可以在晚上，特别是冬天的晚上，在挪威的天空看到极光这种神奇的现象。

❷ 奥斯陆歌剧院建成于 2008 年，坐落在峡湾边上。

❸ 挪威是世界上拥有湖泊和峡湾最多的国家。

❹ 用驯鹿毛制的靴子，可以帮助我们抵御严寒，甚至可以抵御零下 30 摄氏度的低温。

❺ 中世纪的木结构教堂，具有典型的挪威特色。

❻ 往返于挪威南部城市卑尔根和与俄罗斯接壤的北部城市希尔克内斯的轮船。

❼ 在罗弗敦岛有很多渔夫居住的村庄，那里到处都可以看到红色的木头房子。

❽ 木房子有的时候会用草做屋顶。

❾ 卑尔根市的布里根区以其狭窄的道路和各种颜色的木房子著称。

❿ 芬马克郡位于挪威北部，是重要的驯鹿养殖区。

⓫ 乘坐特罗姆瑟市的架空索道可以很快到达滑雪场。

⓬ 生活在欧洲北部的萨米人分布在挪威、瑞典、芬兰和俄罗斯。但是一半以上的萨米人生活在挪威芬马克郡。

⓭ 位于奥斯陆的王宫是挪威国王和王后的住所。

⓮ 位于奥斯陆的霍尔门考伦滑雪场是世界上最古老的滑雪场之一。2011 年这里迎来了世界滑雪锦标赛，现在它需要定期维护以备滑雪者使用。

再见！

挪威
瑞典
芬兰
奥斯陆
赫尔辛基
斯德哥尔摩
塔林
爱沙尼亚

去旅行

你听过法多吗？你知道实现人类历史上第一次环球航行的人是谁吗？你想尝尝“旧衣服”吗？葡萄牙孩子都喜欢在餐厅里吃什么？同若阿纳和佩德罗一起来领略一下葡萄牙人的文化和生活方式吧！

跟我
游葡萄牙

[法]德尔菲娜·塞尔沃茨·加万（文）
[法]卡米耶·拉杜斯
[法]朱利安·卡斯塔尼耶
（绘）

去旅行 2

欢迎来到葡萄牙

我们诚恳地邀请你来了解我们的国家——葡萄牙。它位于大西洋边，欧洲的西南部。我们将会做你的向导。

你好，我的名字叫佩德罗

我 9 岁了，住在里斯本，这里是葡萄牙的首都。我从小就很喜欢足球，和家里所有人一样，我是里斯本本菲卡队的球迷。爸爸答应我，等我 10 岁的时候会带我去里斯本本菲卡球场看比赛。我希望自己未来也能成为一名伟大的球员。

你好，我的名字叫若阿纳

我 10 岁了，住在加亚新城。这里是著名的波尔图葡萄酒产区。我的爸爸在这里做导游工作，妈妈则负责照顾我们的生活。我和小伙伴都很喜欢看电视剧《甜草莓》，它在葡萄牙非常受欢迎。

REPÚBLICA PORTUGUESA
(République Portugaise — The Portuguese Republic)

葡萄牙
首都：里斯本
面积：9.21 万平方千米
人口：1030.9 万（2016 年）
官方语言：葡萄牙语
政体：议会制共和制
国家元首：马塞洛·雷贝洛·德索萨
政府总理：安东尼奥·科斯塔

世界的葡萄牙人

葡萄牙人是天生的旅行家。有很多葡萄牙人生活在法国、卢森堡和美国。在我们看来，在外国说葡萄牙语的人，比生活在我们首都里斯本的人还要多。

马德拉群岛和亚速尔群岛

马德拉群岛和亚速尔群岛位于大西洋中。15世纪上半叶，它们被葡萄牙航海家发现。今天，它们是葡萄牙共和国的自治区，都拥有自己的地区政府和议会。

历史知识

葡萄牙是一个年轻的民主国家，流传着无数的英雄史诗。

a bandeira 国 旗

葡萄牙国旗的主色调是红色，象征着胜利；而绿色则象征着希望。

总统、政府、议会

葡萄牙共和国是一个新近成立的国家，1910 年成立共和国，1974 年正式成为民主国家，现行宪法在 1976 年颁布。共和国总统是民主选举产生的。总统根据共和国议会选举的结果提名总理。总理和政府一起起草法律。法律最终需要共和国议会投票通过，议会中的议员每 4 年一次由国民选举产生。

历史大事记

1143 年： 葡萄牙成为独立王国。

1910 年： 君主制终结。国王曼努埃尔二世逃亡。葡萄牙共和国宣布建立。

1932 年： 萨拉查开始独裁统治，建立新的国家体制。

1974 年： “康乃馨革命”推翻了独裁统治，重新建立了民主制度。海外的殖民地也相继脱离了葡萄牙，宣告自己的独立。

o presidente da República 共和国总统

阿尼巴尔·卡瓦科·席尔瓦在 2006 年被选举为共和国总统。他主要负责保持国家的完整和民主制度的运转。2016 年，马塞洛·雷贝洛·德索萨被选举为新的总统。

走向世界的葡萄牙语

从领土面积来说，葡萄牙在世界上只是一个小国，但这并不影响它在国际社会中占有很重要的地位。它于 1986 年加入欧洲共同体（后发展为欧盟），而葡萄牙人若泽·曼努埃尔·杜朗·巴罗佐，曾在 2004 年至 2014 年期间担任欧盟委员会主席。

palácio de São Bento

圣本笃宫

圣本笃宫是葡萄牙议会所在地。

核心词汇

民主：统治阶级中的多数人掌握国家权力的国家形式、政治制度。

独裁：由统治者个人独揽国家最高权力，以专制残暴的手段实行统治的方式。

欧盟：即欧洲联盟。在欧洲共同体基础上发展而成的组织。1991年12月欧共体首脑会议通过了以建立欧洲经济货币联盟和欧洲政治联盟为目标的《马斯特里赫特条约》；1993年11月1日条约生效，欧洲联盟成立。

航海大发现

在15—16世纪，葡萄牙的航海家勇敢地开始了在全世界范围内的大航海历程。历经一次次艰难险阻，他们的足迹遍布非洲、亚洲和南美洲。葡萄牙也因此建立起了殖民帝国，并通过香料、黄金和稀有木材的贸易获得了大量财富。葡萄牙人对他们祖先在历史上这个时期的伟大壮举感到非常自豪，他们称其为航海大发现。葡萄牙人麦哲伦的船队在1519年到1522年之间实现了人类历史上第一次环球航行。

monumento das Descobertas

航海大发现纪念碑

这是1960年为纪念葡萄牙航海史上最重要的人物——亨利王子逝世500周年而建，站在第一位的便是亨利王子（1394—1460）。

学校：上课时间表

若阿纳上五年级，而我上四年级，因为我比她小 1 岁。想了解我们的学校吗？你将会在这里找到答案。

público ou privado

公立还是私立

在葡萄牙，90% 的孩子会来公立小学，因为在这里学习是免费的。

课程设置

在这里，学校开设的主要课程是葡萄牙语、数学、历史、地理、体育和艺术。从五年级起，学校开始对我们进行公民教育。也是在五年级时，我们开始学习第一门外语。在七年级的时候，我们就要学习第二门外语。在葡萄牙，最受人们欢迎的外语是英语、西班牙语和法语。同时，学校也会为同学安排一些伦理和宗教类的选修课程。

小学和初中的年级

年龄	葡萄牙	中国
6—7 岁	一年级	小学一年级
7—8 岁	二年级	小学二年级
8—9 岁	三年级	小学三年级
9—10 岁	四年级	小学四年级
10—11 岁	五年级	小学五年级
11—12 岁	六年级	小学六年级
12—13 岁	七年级	初中一年级
13—14 岁	八年级	初中二年级
14—15 岁	九年级	初中三年级

6岁之前

在3到6岁，大部分孩子会在公立或私立的幼儿园学习。这同中国的体制一样，但这段学习过程并不是强制的。

葡萄牙的学制

在葡萄牙，6到18岁的教育是强制性的。从初级班开始，年级按照从一到十二依序排列，直到最后一年。基础教育包括9个年级，分为3个阶段：第一阶段是小学初级班，共有4年；后面两个阶段分别有2年和3年，相当于中学预备班和初中。在9年学习结束之后，所有学生都要参加葡萄牙语和数学的国家统一考试，以便进入中等教育学校继续学习3年，这一阶段相当于高中。在12年的学习之后，所有学生参加国家考试，准备进入大学学习生活。

学期与假期

我们每周去学校5天。假期从6月中旬开始，9月中旬结束。此外，还有10天的圣诞假期、2月份的狂欢节假期，以及复活节假期。

un computador 电 脑

我们的键盘与世界通用键盘不同。我们的键盘只适用于输入葡萄牙语。

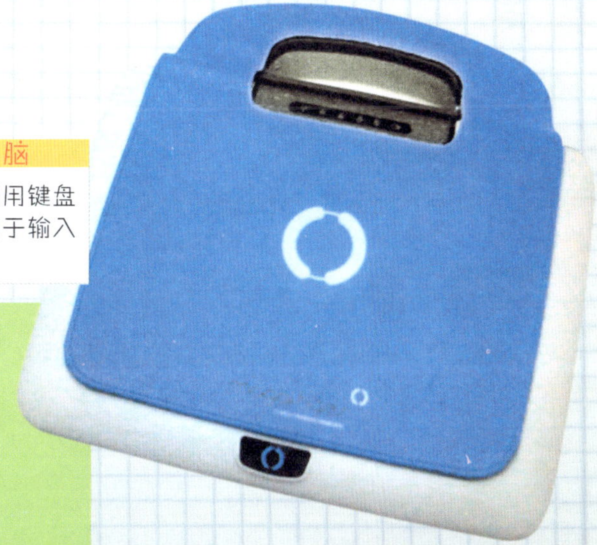

电子学校

新技术的学习在我们的学校占有重要地位。我们从小学就开始学习使用电脑。我们使用的电脑带有很重的葡萄牙情结，它用伟大航海家的名字命名，名为“麦哲伦”。这些小电脑都是葡萄牙本土生产的，非常耐用而且价格便宜，很受学生欢迎。

学校的一天

一天的时间很长，但我并不是一直待在学校。很多时候，在我回到家之前，作业就已经在学校完成了。

7：00

起床

我准时起床、穿衣服、吃早饭。妈妈开车送我到学校。我和同学们一起排队进入校园，等待我们的老师。

8：00

去教室

开始上课了，我们的课程一直到13点才结束。在公立小学，我们每天有5个小时的必修课，要么安排在上午，要么安排在下午。我的运气很好，课程都被安排在上午，下午我就有足够的自由活动时间。

13：00

午饭

到了吃午饭的时间，绝大多数学生会到食堂就餐，但是也有些同学不在学校的食堂吃饭。我用饭盒从家里带来了午饭。妈妈总是将为我准备的热菜细心地放在保温盒里。我的一些同学的妈妈下午不工作，所以他们可以回家吃午饭。

书和学习用品

在葡萄牙，学校不提供书本和其他学习用品。每年上学的时候，父母都会为我们买新书，因为学校的教材并不是一成不变的，而是几乎每年都发生变化，书里经常增添新内容。这对很多家庭来说是一笔不小的开销。

家长协会

每一个小学都有自己的家长协会。这些协会在学校中扮演着重要的角色，家长能及时了解孩子在学校的情况。家长协会在我们五年级后会组织各种课外活动，如音乐、体育、文化出行和室外活动等。

14 : 00

活动时间

到了去活动中心的时间了。我们可以在那里做作业，或者参加如音乐、绘画这样的活动。而我最喜欢的是运动，和朋友们在院子里玩耍最有趣了。

18 : 00

回家

我的妈妈来接我了。在一天漫长的学习时光结束之后，我终于可以回家了。

（毕业证书）

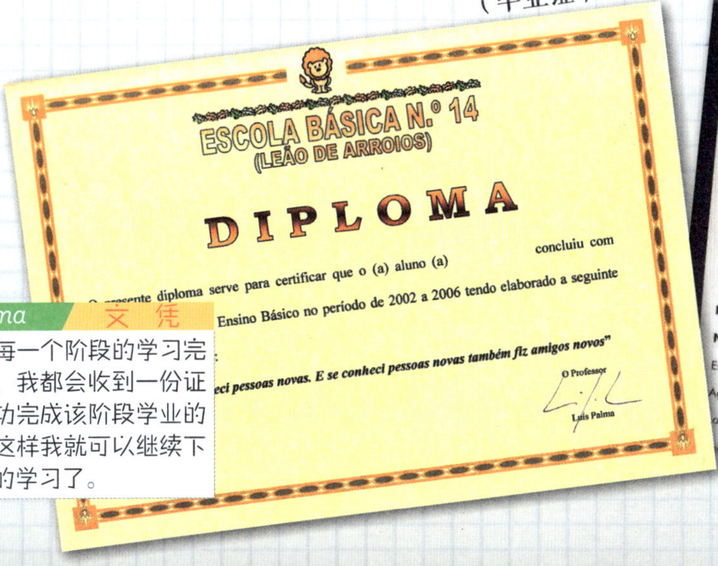

o diploma　文凭

在每一个阶段的学习完成之后，我都会收到一份证明我成功完成该阶段学业的文凭。这样我就可以继续下一阶段的学习了。

开心的周末

生活中并非只有学习，还有丰富多彩的娱乐活动，来看一下我平时会做点什么吧！

bola 球

在我们国家，路边有很多可以踢球的地方，而车辆是不会打扰我们的。

放学之后

课程结束后，我会立刻回到家里做作业。为了不错过电视剧，我会用最快的速度完成作业。如果天气比较好，我就会出去和朋友们玩。在葡萄牙，孩子们一般在 21 点后睡觉，所以我们可以充分利用放学之后的这段时间做很多有趣的事情。

家庭聚会

每周日的家庭聚会都会让我感到很开心。我们经常开车去我的祖父母家，两位老人住在远离城市的农村。冬天的时候，奶奶会早早地为我们准备好火锅。而夏天去的时候，我们便会品尝到爷爷做的美味的烤肉。如果天气好，饭后我们会一起去散步。我的祖父母有一个菜园，种了各种各样的蔬菜，养了很多母鸡。我们走的时候，奶奶总不忘记把蔬菜和鸡蛋装满箱子，这些东西足够我们一家人吃上 1 周。

eléctrico 有轨电车

里斯本的有轨电车就像过山车。乘车时要十分注意紧急刹车和急转弯，注意乘坐安全！

出行

周末在里斯本，我们也不会无聊。有时我父母会带我去文化中心。那里总会有一些活动让小孩子自己参与：室内活动、表演、参观。我喜欢去少儿影院，那里经常放映一些专门为少儿准备的影片，很受孩子们欢迎。遇到天气好的时候，我一定会穿上泳衣，带上遮阳伞，去海边沙滩晒太阳或者游泳。

o Oceanário 海洋馆

我们在里斯本海洋馆里可以看到世界各地的海洋鱼类，还有鲨鱼、企鹅等。

购物中心

有的时候，父母会带我去购物中心，我很喜欢那里。我们可以在那里逛街，如果碰到好看的电影，我们是绝不会错过的。葡萄牙在最近几年建了很多现代化的购物中心，那里不仅是购物的场所，也是大家理想的散步场所。

运动万岁

足球毫无疑问是葡萄牙的第一大运动，但是我们的运动员在其他项目上也表现得非常出色。

estádio do sport Lisboa e Benfica 本菲卡体育场

在 2004 年，本菲卡体育场迎来了欧洲杯决赛，葡萄牙对阵希腊，我们虽然 0：1 输掉了比赛，但是我们的球员表现得非常顽强敬业。

足球，是一种信仰

在我们这里，足球运动是神圣的。当一个伟大的俱乐部或者国家队比赛的时候，国家会停止其他一切活动，只有足球场时不时迸发出热情的欢呼。在葡萄牙，最著名的俱乐部是波尔图队、里斯本竞技队和本菲卡队。本菲卡队在全世界拥有超过 20 万会员，这是一个了不起的数字！很多人从生下来起就是本菲卡球队的支持者。我们为拥有全世界最著名的球星而感到自豪，例如路易斯·菲戈、克里斯蒂亚诺·罗纳尔多，后者是我的偶像。

我们与巨浪

葡萄牙周边的大海水温有些低，而且经常波涛汹涌。我们需要在父母的陪同下下水，因为游泳有的时候很危险。冲浪者很享受这里的海浪。有一些冲浪爱好者会带着他们的冲浪板和其他装备从地球的另一端来到这里挑战巨浪。这是非常美妙的表演！最著名的冲浪海滩被称为“超级管道”，它距离里斯本北部佩尼谢不远。在那里，每年都会举行世界冲浪大赛。

旱地冰球

在葡萄牙，冰球并不是在冰上进行的，而是穿着旱冰鞋在球场上进行的。我们的男子旱地冰球队是世界上最好的球队之一。他们多次获得世界旱地冰球锦标赛冠军。

tourada 斗　牛

在葡萄牙斗牛当中，斗牛士用标枪抵挡公牛的进攻。

伟大的田径运动员

我们国家也有伟大的田径运动员。例如在北京奥运会中，瓦妮莎·费尔南德斯获得了女子铁人三项的银牌，而尼尔森·埃沃拉获得男子三级跳的金牌。

葡萄牙斗牛

葡萄牙斗牛是一种依然非常受欢迎的传统活动，但它同西班牙斗牛不同。我们会骑马空手斗牛，但我们不允许刺死公牛。只有在同西班牙接壤的边境小镇巴兰库什，才会允许刺死公牛。对此，很多葡萄牙人表示反对，因为这太残忍了。你怎么看？

节日开始了

葡萄牙有很多不容错过的传统节日。每当节日来临时，我们都会准备许多鲜花、美食。当然，在过节的时候，我们也会尽情欢乐，享受其中。

o cravo 康乃馨

直到现在，每年的4月25日这一天，人们仍会将康乃馨送给路人，以此纪念康乃馨革命。

康乃馨革命

每年的4月25日，葡萄牙人都会纪念康乃馨革命，并庆祝葡萄牙人民获得自由。这场革命发生在1974年，它使得葡萄牙成为民主国家，推翻了安东尼奥·萨拉查的独裁统治。当时，人们纷纷将康乃馨送给士兵，战士们将康乃馨别在自己的纽扣上，用康乃馨代替子弹。这就是康乃馨革命名字的由来。

非宗教性节日

1月1日：新年
4月25日：自由日（康乃馨革命纪念日）
5月1日：劳动节
6月10日：国庆节（诗人卡蒙斯逝世纪念日）
10月5日：共和国节（共和国建立日）
12月1日：恢复独立日

圣诞节

在圣诞前夜，全家人都会围坐在葡萄牙传统圣诞大餐煮鳕鱼前，煮鳕鱼里面还放上熟鸡蛋、土豆和青菜。除了圣诞大餐外，我们也会吃甜点。当然，我们事先会在圣诞树下摆放很多送给孩子们的礼物。12月25日这一天，我们全家又会聚拢在一起品尝一道叫“旧衣服”的菜，这道菜是将前夜的剩菜再煨炖一遍，因此叫“旧衣服”。

manjerico 罗勒

在圣安东尼节，葡萄牙男孩会给他们心爱的姑娘送一盆罗勒小盆景，这些小盆景中通常会有一面小旗子，上面写着几行爱情小诗。

守护者的节日

在 6 月份的时候，葡萄牙每一个大城市都会庆祝自己城市的守护者的节日。人们会为城市老街区装饰花环，在街上搭建很多小店铺提供给商贩，人们在那里可以随时买到烤沙丁鱼。在里斯本，市民们会上街游行庆祝圣安东尼节。在波尔图，人们则会庆祝圣约翰节。人们走出家门，手中拿着塑料锤子，去敲击路人的脑袋。整个葡萄牙处处洋溢着欢乐的气氛。

葡萄干

每当新年来临，时钟敲响 12 下的时候，我们会默默地数着吃 12 粒葡萄干。每吃一粒葡萄干，我们都会许下一个心愿，祈祷这些心愿会在新的一年中实现。

bolo rei 国王饼

国王饼是一种皇冠形的厚厚的糕点，上面会镶嵌许多水果。那些在皇冠上发现蚕豆的人可以许下愿望，并准备明年的国王饼。

圣马丁节

据说，在一个多雨的深秋，骑士马丁在路上遇到了一个冻僵的可怜乞丐。出于怜悯，马丁用手中的剑将披风割下一半，披在乞丐的身上，助他避过严寒。不一会儿，太阳渐渐升起，天气开始暖和起来。为了纪念马丁的善举，我们在每年的 11 月 11 日，都会纪念圣马丁。每年这时候，我们都会吃烤栗子！

葡萄牙名人

这些都是我们葡萄牙的名人，有一些甚至已经是世界级的著名人物了。我现在就向你介绍他们。

jogadores 足球运动员

罗纳尔多是年轻人的偶像，很多人梦想有一天能成为他这样的球员。右边的这位是菲戈。

足球明星

葡萄牙拥有世界足球历史上最优秀的球星：克里斯蒂亚诺·罗纳尔多、路易斯·菲戈和尤西比奥。他们三个人都获得过金球奖。我们也有著名的教练，他就是何塞·穆里尼奥。无论他执教哪一支球队，球员在他的严格训练下，都能夺得胜利。希望有一天他能执教葡萄牙国家队。

影视明星

年轻人总是喜欢模仿影视明星。2006年，电视台曾热播过一部以病毒为主题的电视剧——《甜草莓》。一时间，超过300名年轻人来到医院咨询医生或就诊，他们得病的症状同电视剧中描述的一样：头疼、红斑和呼吸困难。

Morangos com Açúcar（甜草莓）

诺贝尔奖获得者

已经有两位葡萄牙人获得了诺贝尔奖。一位是埃加斯·莫尼兹，神经外科医生，在1949年获得了诺贝尔生理学或医学奖。另一位是作家若泽·萨拉马戈，在1998年获得了诺贝尔文学奖。他的作品《失明症漫记》在2008年被搬上了荧幕。

um navegador 航海家

1497年，瓦斯科·达·伽马离开里斯本，开始了他长达1年的漫长旅程。他是第一个穿过好望角到达印度的人。

航海家和诗人

葡萄牙是一个充满了冒险家和诗人的国度。著名的航海家包括亨利王子、麦哲伦、佩德罗·阿尔瓦莱斯·卡布拉尔和瓦斯科·达·伽马。他们进行的海上探险甚至可以为我们绘制出15—16世纪的世界地图。伟大的诗人卡蒙恩斯（约1524—1580）在他的作品《卢济塔尼亚人之歌》中为我们讲述了瓦斯科·达·伽马的传奇历险故事。这首诗共有9000多行，是学校中的必读读物。

uma banda 乐队

多元素流行乐队正在征服欧洲。他们的歌曲主要是以幽默的方式讲述生活在里斯本市郊的虚拟人物的经历。

法多歌手

你了解法多吗？这是一种用吉他伴唱的忧伤的葡萄牙曲调。阿玛利亚·罗德里格斯让法多走向了世界。我们称她为“法多皇后”。她同葡萄牙其他伟人一起，安息在国家的先贤祠内。今天，最著名的法多女歌手是玛丽萨。她在世界上最著名的歌剧院举行过演唱会，并获得了无数国际大奖。男士也可以演唱法多，卡洛斯·德·卡尔莫和卡莫内是其中最著名的。

uma cantora 女歌手

玛丽萨·努内斯是现在最著名的法多女歌手。她出生在里斯本。

你了解葡萄牙语吗

我们的语言来自欧洲的一个小国，但是在世界上所有大洲都有应用。
所以，学习葡萄牙语非常有用。

um monumento
雕 塑

巴西的里约热内卢和葡萄牙的里斯本两座城市都拥有一座巨大的耶稣雕像，是同样使用葡萄牙语的两座城市的地标建筑。

米兰德泽语

米兰德泽语是葡萄牙很重要的一门语言。在葡萄牙东北部的米兰德拉地区大约有1万人说这种语言。在这个地区，如果愿意，小学生和初中生都可以学这种语言。

欢迎来到葡萄牙语圈

在全世界，有2亿多人讲葡萄牙语。人们习惯叫我们“说葡语的人”。但我们中的大部分人并不生活在葡萄牙。大部分说葡萄牙语的人生活在葡萄牙过去的殖民地，如安哥拉、巴西、佛得角、几内亚比绍、莫桑比克、圣多美、普林西比和东帝汶。这些国家都属于葡萄牙语国家共同体（CPLP）。你能在世界地图上找到这些国家吗？

奇怪的发音

葡萄牙语中有很多拉丁语词汇，单词和英语也有一定的相似处。如果你有一天来到葡萄牙，你会发现从事文字翻译并不是很难。但是葡萄牙语的发音很独特，另外，在大多数情况下，词尾字母是不发音的。

我的名字叫玛戈，我是法国人，我住在图卢兹，紫罗兰之城。

那你会说法语吗？

今年？你多大了？

也是 11 岁。你的狗很漂亮，它叫什么名字？

好的，我告诉爸妈，他们在那边遮阳伞下。

请放上对应页的硫酸纸，然后翻到第 138 页，看看她们在说什么吧！

餐桌上的快乐

喜欢美食是葡萄牙人的天性。不论什么时候，大家围坐在一起就餐都是最受欢迎的事情。

餐桌礼仪

在就餐时，用面包蘸盘子里的汤汁是非常不礼貌的。我们并不一定要吃光所有的东西，饭后剩下一些菜反而意味着我们吃得很饱。

um restaurante 餐厅

在餐厅里，每一份饭菜都非常丰盛，我们也可以为那些胃口小的人点半份饭菜。每份套餐中总是配有汤。

餐厅

葡萄牙人有去餐厅用餐的习惯。这里的饭菜非常丰盛、美味，且价格便宜。在午餐时间，大部分人不会回家。他们更倾向于在工作地就近用餐。如果需要庆祝特殊的日子，我们也会同家人或者朋友一起去餐厅。

há caracóis

蜗　牛

每年的5月份到8月份，水煮蜗牛就会进入我们的餐桌。水煮蜗牛通常用橄榄油和大蒜作为配料，吃的时候需要用牙签。

三餐

7点—8点：早餐
孩子们通常在家里吃早餐，极特殊的情况下会去甜点店。

13点：午餐
周一到周五，大部分大人和孩子会在外面用餐。

16点：下午茶
有时间的话，我们会去活动中心吃一个三明治，或者去甜点店吃一个蛋糕。

20点或者之后：晚饭
大人们的晚饭时间有时会更晚。

甜点店

甜点店在葡萄牙非常受欢迎。我们在那里既可以喝咖啡也可以喝茶。每个年龄段的人都会在早餐之后去那里聊天、看报纸或者看电视。我们可以在那里品尝糕点或者小吃，例如鳕鱼炸糕、鸡肉小圆面包、碎肉炸丸子等。有时我在放学后也会去甜点店喝下午茶。

小零食

在任何时候、任何餐桌上都可以找到小零食，如橄榄、奶酪、虾、蜗牛、绿豆……这些只是开胃菜，人们总会在口袋中放一些吃的东西。

受气候影响的菜单

我们的菜单具有很浓厚的地方特色。它深受地中海气候和大西洋气候的影响。

海产品

我们非常喜欢吃鱼。毕竟，钓鱼是我们的传统。我们最喜欢吃的是鳕鱼。鳕鱼有很多种吃法，人们甚至说，做鳕鱼的方法就如同一年中的日子一样多。我们爱吃的菜大多是以软体动物和贝壳类动物为主的，上面撒上香菜。我最喜欢的特色菜是小块猪肉炒蛤蜊。

sardinha 沙丁鱼

这是一种非常受欢迎的食物。我们在烤好的沙丁鱼上面撒少许的盐，这种做法很好吃，特别是在夏天，那时候的沙丁鱼最肥。

broa de milho 玉米面包

这是典型的葡萄牙北部特色菜，玉米面包有点甜。我非常喜欢配上烤沙丁鱼吃玉米面包或者用玉米面包蘸橄榄油吃。

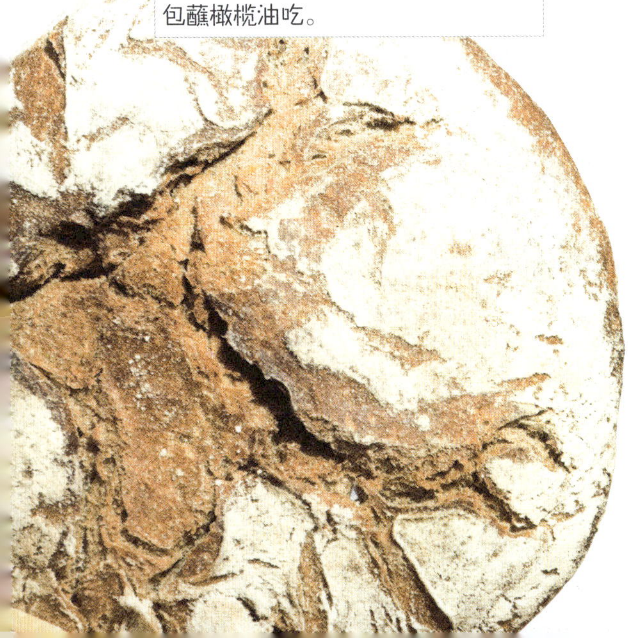

面包

面包是我们的主食，可以搭配很多菜吃。在相当长的一段时间里，它一直是穷人的主食。在位于葡萄牙南部的农业区，阿连特茹省，农民们喜欢吃面包鸡蛋汤，汤里放一些橄榄油、蒜和香菜。今天，我们还会在汤中放上鱼和其他海产品。面包也可以用来做配菜或者吐司。

azeite 橄榄油

我们做饭会用到很多橄榄油。地中海独有的气候让我们能够出产最美味的橄榄油。

从甜点到饼干

玛丽饼干是很多甜点中不可缺少的一种圆形食材。在饭店，著名的“家庭甜点”就是以玛丽饼干为食材的。我最喜欢的是巧克力香肠。那是一种用巧克力和饼干做成的甜品，形状很像香肠。我们会将饼干切成很多片，就像切香肠一样。

糕点的来源

大部分的糕点是修道院发明的。教士们使用蛋白来制作圣餐面饼，然后用蛋黄来制作美味糕点。最著名的是奶油布丁千层面。至于配方，这是个秘密。

若阿纳和佩德罗的配方

这些菜品，你要在大人的帮助下完成。

下面是我们最喜欢的葡萄牙特色菜——鳕鱼丸和自制奶酪。

鳕鱼丸

准备时间：20 分钟

加工时间：45 分钟 + 油炸时间

准备 4 人份，你需要：

- 1400 克土豆
- 400 克腌鳕鱼
- 1 个薄片洋葱
- 100 毫升橄榄油
- 1 袋碎香芹
- 2 个鸡蛋
- 盐和胡椒
- 植物油
- 1 个煮锅、1 个平底锅、1 个沙拉盆、2 个勺子

土豆削皮并洗净，在加盐的沸水中煮 30 分钟。利用这段时间，在平底锅中放少许橄榄油，将薄片洋葱放入煎熟。

当土豆煮好之后，将土豆从煮锅中取出，然后将鳕鱼用温火煮 10 分钟左右。

将煮好的鳕鱼晾干，再扒皮去骨。然后将鳕鱼肉弄碎成泥。

将土豆放在沙拉盆中捣成泥。

在土豆泥中掺入鳕鱼、洋葱、鸡蛋和香芹，搅拌均匀。依据自身口感加入适量盐和胡椒。

把准备好的材料捏成一个个小丸子，然后将它们放入热油当中。炸熟后捞起将油沥干。

我们可以趁热或者晾凉后品尝鳕鱼丸。

自制奶酪

准备时间：15 分钟
加工时间：45 分钟

准备 4 人份，你需要：
- 1 盒牛奶
- 4 个鸡蛋
- 1 个锅、2 个沙拉盆

将牛奶放入锅中，盖上锅盖，然后加热 45 分钟左右。

将牛奶冷却，从锅中取出。

打碎鸡蛋，将蛋黄和蛋清分开。将奶倒入沙拉盆当中，加入蛋黄，用勺子搅拌。

在另一个沙拉盆里将蛋清打成泡沫状，然后将蛋清同前面准备的食材混到一起。

将混合好的食材倒入准备好的杯子中，放入冰箱冷冻 2 到 3 个小时。在这段时间当中，各种食材可以充分融合。

在食用的时候，我们可以根据口味加入磨碎的杏仁粉。

独有的风景

每个国家都有自己的风俗习惯。葡萄牙人的特点是温和；此外，葡萄牙人拥有一种独特的民族感情：怀念。

galo de Barcelos
巴塞卢什雄鸡

同法国一样，葡萄牙的象征之一也是雄鸡。巴塞卢什雄鸡以其同名的传说故事而著名。

水犬

你还记得第127页对话中若阿纳的狗吗？这就是葡萄牙水犬。从它的名字上我们就知道，它非常喜欢水。水犬可以帮助渔夫把鱼从渔网上摘下来。

温和的习俗

人们说葡萄牙人的性格温和。事实上我们天性有些保守。这一点同我们满腔热血、热情洋溢的西班牙邻居相比毫无相似性。我们总是避免那些让人动怒的事情，非常认同绅士的行为。像排队加塞、在大家面前打哈欠等行为在葡萄牙都是不应该的。我们也非常热情好客，懂得如何与人友善相处。

很长的名字

在葡萄牙，一个孩子的名字中最多可以使用4个来自家族的姓，其中至少有1个是父姓，有1个是母姓。不过，一般情况下，我们都会叫他的名加最后一个姓。

独特的感情：怀念

汉语中没有恰当的词来形容这种感情，姑且称之为“怀念”。它是葡萄牙人的一种典型的情感。一种我们认为自己远离家园或者远离那些我们深爱的亲人的感受，一种对前途未卜的恐惧、对海洋的敬畏、对美好未来的憧憬、对离别的亲人怅然若失的思念，一直被葡萄牙人承袭至今。它应该是来自我们民族古代远行者的情怀，尤其是那些伟大的航海家，他们远离自己的国家，满怀对亲人和故土的眷恋以及开疆拓土的无畏，让足迹遍布全世界。

estendal 晾衣绳

在葡萄牙，我们仍然习惯用晾衣绳晾衣服。我们将衣服挂在窗户外面的晾衣绳上，绳子用滑轮控制。在天气好的时候，人们会发现，大街上星罗棋布，晾着很多洗好的衣服。

calçada portugue 葡萄牙的路面

葡萄牙大部分路面上铺着黑色和白色的石头，它们拼成各种各样的图案。我们好像行走在船锚上、鱼上或是海浪上。这真的很有趣。

独特的表达

每一种语言都有其独特的表达方式。在葡萄牙语中，我们会说怕得“脸都黄了”。当有人离开却没有说再见的时候，我们会说他是法式离开，而不是英式离开。当中国人说“骄傲得像公鸡”一样时，我们会说“胀得像火鸡一样”。

猜一下这些拟声词表示什么含义：

1. *Atchim!*	A.电话铃声
2. *Au Au!*	B.鸭子叫
3. *Trim Trim!*	C.狗叫
4. *Quá Quá quá!*	D.公鸡叫
5. *Cócorócócó*	E.打喷嚏

答案：1.E 2.C 3.A 4.B 5.D

1

2

3

5

4

6

7

8

9

10

11

12

13

14

你可以在第 139 页找到这些图片的说明。

词汇汇总

葡萄牙语—汉语

azeite	橄榄油	*banda*	乐队
bandeira	国旗	*bola*	球
bolo rei	国王饼	*broa de milho*	玉米面包
calçada portugue	葡萄牙路面	*cantora*	女歌手
caracóis	蜗牛	*computador*	电脑
cravo	康乃馨	*diploma*	文凭
eléctrico	有轨电车	*estádio do sport Lisboa e Benfica*	本菲卡体育场
estendal	晾衣绳	*galo de Barcelos*	巴塞卢什雄鸡
jogadores	足球运动员	*manjerico*	罗勒
monumento das Descobertas	航海大发现纪念碑	*monumento*	雕塑
navegador	航海家	*Oceanário*	海洋馆
palácio de São Bento	圣本笃宫	*presidente da República*	共和国总统
privado	私立的	*público*	公立的
restaurante	餐厅	*sardinha*	沙丁鱼
tourada	斗牛		

这就是第 127 页玛戈和若阿纳的对话：

你好，我的名字叫若阿纳，你呢？

我的名字叫玛戈，我是法国人，我住在图卢兹，紫罗兰之城。

法国人？我很想去法国。我在巴黎有亲戚。

那你会说法语吗？

还不会。但是我今年开始上法语课。

今年？你多大了？

我快到 11 岁了。我说英语。你呢？你多大？

也是 11 岁。你的狗很漂亮，它叫什么名字？

这是巴尔塔扎尔。它是一条水犬。你会来和我们下水玩吗？

好的，我告诉爸妈，他们在那边遮阳伞下。

好的！一会儿见！

❶ 葡萄牙的海岸线上分布着很多巨大的天然沙滩。这里是葡萄牙南部的阿里法纳沙滩。

❷ 在葡萄牙经常可以看到用蓝色和白色的瓷砖或是陶砖组成的画。

❸ 布拉加的山上仁慈耶稣朝圣所标志性的“之”字形台阶，台阶爬升了116米。

❹ 用栓皮栎制作的软木塞是葡萄牙的特产之一。

❺ 马尔旺是一座山顶小镇，在中世纪的很长时间里，小镇保护葡萄牙王国免受西班牙的侵略。

❻ 科英布拉大学的若安妮娜图书馆的历史可以追溯到18世纪，里面保存的古书超过30万部。

❼ 贝伦塔是里斯本港的入口。历代国王都是在那里目送航海家出发的。

❽ 四月二十五日大桥曾是欧洲第一长桥，横跨特茹河的两岸，是里斯本的标志性建筑，大桥主塔高190米。

❾ 里斯本的耶稣像是为了感谢上帝让葡萄牙免受第二次世界大战战火的侵袭。

❿ 佩纳宫如同来自神话世界，里面珍藏着很多珍宝。

⓫ 在波尔图港口，我们至今仍能看到那些运输波尔图葡萄酒的木船。

⓬ 在伴着法多音乐的酒馆中，我们可以歌唱到午夜1点。

⓭ 里斯本东站是在1998年世博会时建造的，这是现代建筑的代表作。

⓮ 埃武拉的中心城被列入了世界教科文组织文化遗产名录，它以其石子路和石灰房子闻名于世。

很高兴见到你！

葡
萄
牙
里斯本
西 班 牙
马德里

去旅行

你知道在摩洛哥，我们每周五都会吃库斯库斯吗？你了解提非纳字母吗？你品尝过羚羊角点心吗？和莱拉和伊迪尔一起去了解摩洛哥的文化和生活方式吧。

跟我
游摩洛哥

[法]吉卜赛·阿拉尔(文)
[法]卡米耶·拉杜斯
[法]朱利安·卡斯塔尼耶
(绘)

去旅行 2

欢迎来到摩洛哥

你好！跟我们一起出发，我们将向你介绍我们的国家——摩洛哥！

你好，我的名字叫伊迪尔

我叫伊迪尔，今年 9 岁。我的名字在柏柏尔语中是“生活”的意思。我住在拉巴特，它是摩洛哥的首都。我的家在老城区，在乌达雅城堡附近，这里的房子都是蓝色和白色的。从我家的阳台上远远望去，可以看到辽阔的大海。这让我有了去海边冲浪的想法。当然，我最喜欢的运动肯定是足球！

你好，我的名字叫莱拉

7 月 30 日的时候，我刚好 10 岁。这一天还是个特别的日子——国王穆罕默德六世登基纪念日，因此大家都记得为我过生日。在小学的时候，我已经学习了 3 种语言：阿拉伯语、法语和英语。我的父亲，希沙姆，是位于达尔贝达（卡萨布兰卡）的哈桑二世大学的数学教授；我的母亲，迈穆娜，是伊本·罗奇德儿科医院的医生。

直布罗陀海峡

海峡最窄处仅有 13 千米宽，它分隔了非洲大陆同欧洲大陆，连接了大西洋和地中海。

摩洛哥–马格里布

在阿拉伯语当中，摩洛哥是“日落之国”的意思。因为摩洛哥位于非洲大陆的西方，是太阳落下的地方。马格里布地区包括非洲北部的3个国家：摩洛哥、突尼斯和阿尔及利亚。

行政区域

摩洛哥共有12个大区，其中2个（达赫拉–黄金谷地大区和阿尤恩–布支杜尔–萨基亚–阿姆拉大区）大部分位于撒哈拉沙漠中。

摩洛哥使用的语言

传统阿拉伯语、阿拉伯方言、柏柏尔语、法语和西班牙语。

我们的国家

摩洛哥东邻阿尔及利亚，南面是西撒哈拉。绵长海岸线横跨地中海和大西洋。摩洛哥地形多样，包括沙漠、平原和山脉。其中最高峰为海拔4165米的图卜卡勒山，它位于阿特拉斯山脉。

君主立宪制

现任国王穆罕默德六世继承了统治摩洛哥 300 多年的王朝王位。

aâlam 国旗

摩洛哥国旗的含义是“真主、国家、国王”。

核心词汇

保护国

指被强迫接受他国“保护”的国家。是殖民统治的一种形式。

独立

国家、民族和政权不受外族统治、支配。

君主制

以君主（国王、皇帝等）为国家元首的政权组织形式。

议会

实行三权分立原则的资本主义国家的最高立法机关。

保护国

1912 年 3 月，摩洛哥成为法国的保护国；同年 11 月，摩洛哥的北部和南部成为西班牙的保护地。情况一直持续到 1956 年，在这一时期，摩洛哥人民反抗法国统治的努力从没停止过，因为尽管穆罕默德五世国王的王位被保留了下来，但国王本身没有任何权力。1953 年，他被强制流放，直到 1956 年摩洛哥独立后他才得以回国。回国后，穆罕默德五世重获王位，并成为摩洛哥独立后的第一位国王。

awrak bankia 货币

国王哈桑二世，也就是现任国工穆罕默德六世的父亲，头像曾被印在 1991 年版 200 迪拉姆面值的纸币上。

注：本章中的阿拉伯语均采用拉丁字母转写的方式表示。

majliss anouwed al maghribi

摩洛哥议会

摩洛哥议会分成两院：众议院和参议院。

编年史

788 年： 摩洛哥第一个阿拉伯王朝由伊德里斯一世建立，他建立了非斯城。

1150 年： 建立拉巴特城。

1554 年： 马拉喀什成为首都，一直持续到 1672 年。

1912 年： 《非斯条约》确立摩洛哥是法国的保护国。拉巴特取代非斯，成为摩洛哥的行政首都。

1956 年： 摩洛哥在 3 月 2 日取得了独立。

1999 年： 国王哈桑二世去世。他的儿子，穆罕默德六世继承了王位。

国王和首相

2011 年 7 月 1 日，摩洛哥投票通过了新的宪法。根据新宪法，摩洛哥保留君主制，但是增加了首相的权力。而根据过去的宪法，国王才是政府的首脑。

国王有什么权力

1999 年，穆罕默德六世继承了他父亲的王位。国王也是国家的元首，掌握军队和警察部队，确保所有公民遵守法律。国王同时也是摩洛哥的宗教领袖。

malik Mohammed VI

国王穆罕默德六世

在其父去世后，穆罕默德六世在 1999 年 7 月 30 日正式登基。

政党

摩洛哥共有 30 多个政党，其中重要的政党有独立党、人民力量社会主义联盟、公正与发展党以及真实性与现代党等。

学校：上课时间

伊迪尔和我在摩洛哥的小学读书。
伊迪尔读四年级，而我读五年级。

（学校附近）

小学生终会长大

4 到 5 岁的时候，我们去读学前教育班，相当于幼儿园。而到了 6 岁，我们必须上小学一年级。12 岁时，我们学完了规定的所有课程，会获得小学毕业证书，然后进入初中学习 3 年。15 岁时，那些获得初中文凭的学生可以进入高中学习，也可以接受职业教育。高中毕业后，同中国一样，我们可以参加高考。

你会进入几年级？

6—7 岁	小学一年级
7—8 岁	小学二年级
8—9 岁	小学三年级
9—10 岁	小学四年级
10—11 岁	小学五年级
11—12 岁	小学六年级

علامة خطر
وجود أطفال مدارس
（注意儿童）

城市里的小学

在摩洛哥的大城市里，几乎所有儿童都会上小学。大部分人会选择公立小学，因为公立学校是免费的。富裕一些的家庭的孩子会选择进入摩洛哥或者外国（特别是法国）收费的私立小学，当然这些小学的教学质量更好。

阿拉伯语不是母语

在小学里，所有人都会学习书写阿拉伯语。但这并不是我们的母语。我们的母语是摩洛哥阿拉伯语或者柏柏尔语。

madrassa majania

免费小学

自2002年起，所有摩洛哥的孩子都必须接受小学义务教育，义务教育阶段从6岁到15岁，这一阶段的教育是免费的。

读和写

在摩洛哥，国家日益重视普及教育，2015年，文盲率已经降至25.4%。

农村的小学

在农村，情况完全不同。小学距离农户家非常远，孩子们往往需要步行1个小时去上学，这给孩子们的求学带来了诸多不便。另外，农村的家庭也非常穷困，有的家长更愿意让孩子帮助自己干农活，而不是为孩子购买学习用的文具。正因为这个，很多农村的孩子放弃了读书，或者经常逃学。

madrassa rifia

农村的小学

在达尔贝达（卡萨布兰卡）地区的一所小学里，教师正在教学生如何种地。

学校的一天

8 点 30 分的时候，铃声响起，老师准时来到教室。马上就要开始上课了，你要来陪我们吗？

8 : 30

开始上课

每周一、周二、周四、周五，我们要在学校一整天。每周三上午和周六下午，我们也会在学校学习。我们每周有 30 个小时的课程。学校在 8:30 上课，17:00 放学。中间有一次 11:30 到 14:00 的午休，此外在 10:00 和 15:30 有两次课间休息。

kolla yawm

每一天

在公立小学，除了周日，我们每天都要去学校。

教学计划

从二年级开始，我们就要学习双语。一半的课程是用法语上的，另一半是用阿拉伯语上的。在一些地区，我们也会使用柏柏尔语。同其他国家学生学习的课程一样，我们也学习历史、地理、数学和人文课程。另外，我们还有至少 1 个小时的宗教知识学习，以便了解基础的伊斯兰文化。

11 : 30

午饭时间

每天中午，我们都回家吃饭，因为摩洛哥的学校里没有食堂。我的母亲或者祖母会做好饭等我回家。在斋月中，课程会提前到 16 点结束。这段时间的午餐时间会变短，我们留在学校里吃从家里带的简单的午餐。斋月中，大人们白天不吃也不喝。对此我们已经习惯了，每逢斋月，我们的生活节奏就会发生改变。

17 : 00

放学了

在出去玩之前，很多孩子会上晚课以提高自己的成绩。在课程结束之后，我们就直接回家。大部分情况下，我们独自回家或者在更大的孩子的陪同下回家。在私立小学，学校会提供校车送我们回家。校车很好认，它们是黄色的。

假期

每一年，开学都是在 9 月的第二个星期三。一学年分成两个学期，两个学期中间有 1 周的假期，学年会在 6 月末结束。但是在宗教性节日或者法定假日期间，我们会有其他假期：开斋节、古尔邦节或者 1 月份的独立宣言日（1 月 11 日）。

wajibet 作业

在公立小学，学生很少有作业。但是在私立小学，情况则完全不同，老师会经常给学生布置作业。

你来玩吗

你放学之后做什么？
我们最喜欢做的事情是，和小伙伴一起在街头踢球。

korra
足球
摩洛哥的孩子们都喜欢在街头踢足球。

龙达纸牌

我们很喜欢玩龙达纸牌。这是一种2人、3人或4人玩的纸牌游戏。我们使用西班牙纸牌，抽出所有的8和9。游戏的目的是获得尽可能多的牌，以拿到尽可能高的分数。游戏中，大家玩得聚精会神，非常投入。

休闲运动

在家做完作业后，我们会一边看电视一边休息。通过有线电视，我们可以看到非常多的频道。孩子们都特别喜欢看动画片。城市里没有足够的空地供我们运动娱乐，所以我们经常去俱乐部运动。

sahat ezalk **滑雪**

欧克米登滑雪场位于马拉喀什南部，最高处海拔近 3000 米。这里是非洲海拔最高的滑雪场。我们可以在那里欣赏到阿特拉斯山脉的美景。

悠闲的家庭时光

每周末，是我们唯一能与家人齐聚的时刻。周日上午，我们带上水桶、肥皂和洗发膏去洗浴。在这里，女人和男人是分开洗浴的。对大家来说，这是一段非常美妙的时光。下午，我们一家人一起悠闲地聊天，当然也经常会在咖啡馆品尝冰激凌。有的时候，我们会去乡村，在山间徒步，或者在棕榈树下享受大自然的风光。冬天的时候，我们会和家人一起去里夫山或欧克米登滑雪。

saboun aswed **黑肥皂**

在沐浴的时候，我们会使用黑肥皂。用黑肥皂的习惯要追溯到遥远的古代，已经成为摩洛哥人的传统。黑肥皂是用黑色的橄榄油制成的，经常使用它可以让皮肤更加光滑。

一起去海滩

我们经常利用空闲的时间去海滩。男孩和女孩在这里有各自喜欢的游戏。男孩在沙滩踢足球或者表演杂技，而女孩则更愿意在海边散步或者坐下聊天。如果天气允许，我们非常喜欢下海游泳。

体育万岁

足球、田径、网球、搏击运动、马拉松……
我们热爱体育。当我们的运动员赢得世界冠军，大家都引以为豪。

高水平运动员

你听说过纳瓦尔·穆塔瓦基尔吗？她是第一位获得奥运冠军的阿拉伯、非洲、穆斯林女性。在 1984 年洛杉矶奥运会女子 400 米栏项目上，她一举获得奥运金牌。2007 至 2009 年，她就任摩洛哥青年与体育部部长。中长跑选手希查姆·奎罗伊依然保持着 1500 米的世界纪录。2004 年，他一举获得了两枚奥运金牌。穆斯塔法·哈伊达则是世界上最著名的搏击选手之一，他先后获得两次世界冠军，是摩洛哥的英雄。

laâb el korra kadam 足球运动员

在摩洛哥国家队，马鲁万·查马克已经攻入了17球。2010年，他转会英超豪门阿森纳队；2013年，转会英超水晶宫。

为足球疯狂

当然，我们最喜欢的运动是足球。在摩洛哥，足球文化已经融入每一个家庭。来到我们中间，你会感觉到摩洛哥人每时每刻都在踢足球，无论是在沙滩上，在俱乐部里，还是在街头。即使不去现场看比赛，人们也会守在电视机前观看比赛的直播。在这里，人们喜欢观看摩洛哥联赛以及世界性赛事。在观看比赛的时候，每个人都会为自己支持的球队呐喊助威。我们还经常去咖啡馆观看大屏幕的转播。我们的国家队，被称为阿特拉斯雄狮。

地狱马拉松

每年，摩洛哥都会组织很多著名的国际性体育赛事，其中最著名的就是地狱马拉松。比赛在摩洛哥南部举行，和我们经常看到的马拉松比赛不一样的是，地狱马拉松比赛要求参赛选手在6天内完成约250千米的赛事，规则规定选手在比赛中需要自行背负食物。整个比赛过程异常艰苦，因为比赛时，当地的气温经常可以达到50摄氏度。除此以外，每年在达尔贝达（卡萨布兰卡）举办的摩洛哥哈桑二世网球大奖赛和环摩洛哥自行车赛也会吸引来自世界各地的优秀运动员参加。

摩洛哥足球甲级联赛

最优秀的摩洛哥足球俱乐部会参加这一联赛。联赛自1956年由摩洛哥足协组织成立，卡萨布兰卡爱心足球俱乐部、拉巴特足球俱乐部和卡萨布兰卡拉贾足球俱乐部都是摩洛哥很强的球队。

sibak aicha ghizlen 羚羊越野拉力赛

这是全世界唯一只为女子选手准备的越野拉力赛事，每年都会在摩洛哥沙漠地区举行。

一年的节日

摩洛哥最重要的节日都是宗教性节日。过节的时候，我们会待在自己家里或者去朋友家。大家围坐在一起喝茶或者用餐，真是非常有趣。你要加入我们吗？

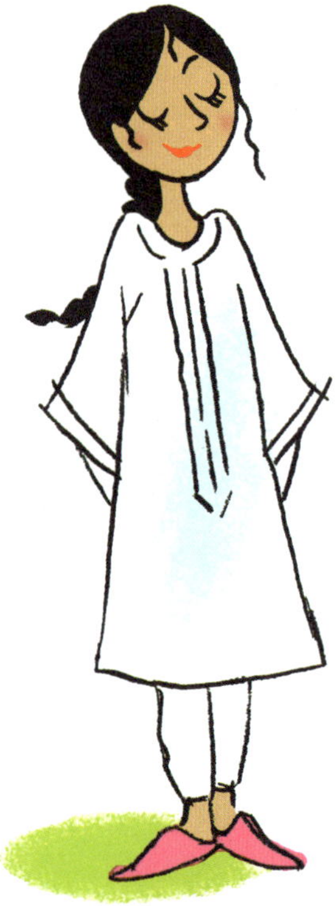

阿舒拉节

这是属于孩子们的节日。阿舒拉节在伊斯兰历新年后第 10 天。在阿舒拉节中，孩子们会得到新衣服或者像小喇叭、达拉布卡鼓这样的乐器、玩具或是烟花。孩子们在这几天都很放松。节日的第一天，我们会去街上放烟花。第二天开始，我们会准备好水桶，调皮地向被我们选中的路人泼水。

darrbouka

达拉布卡鼓

这是一种传统的乐器。鼓身是陶制的，鼓面用羊皮制作。

jeleleb zinete

美丽的长袍

在阿舒拉节上，作为礼物，我们会收到全新的长袍。

rlouf fel'mdina

城市中的羊

古尔邦节在伊斯兰国家非常重要。如果你在古尔邦节前几天来到这里，你在街上到处都可以看到羊。

古尔邦节

古尔邦节是为了纪念伊卜拉欣（亚伯拉罕）为神准备牺牲自己的儿子而创立的。每一年，穆斯林的一家之主都会在家中宰一只羊。在节日前，满街都是熙熙攘攘的人群，大家都会去羊市选择一只自己中意的羊买回家。一般情况下，我们就将它养在花园、院子、阳台上，一直将它喂养到古尔邦节。我们也称古尔邦节为宰牲节。

chleuh

柏柏尔人

在庆典的时候，柏柏尔妇女都会戴上银质的首饰和彩色的方巾。

庆典和节日中的艺术

在摩洛哥各地，人们都会组织一些庆典来纪念城镇的圣人或是庆贺收获。这些重大的节日总会聚集起很多人。这几天，大家身着盛装，载歌载舞。柏柏尔人喜欢阿瓦士旋律，这种传统的音乐旋律有点像手鼓或是笛子的旋律，并伴随着诗一样语言的对唱。阿特拉斯地区的伊米尔奇尔的庆典是最著名的。

aïd erlaarch

国王登基日

7月30日，我们会庆祝穆罕默德六世正式登基。这个非宗教性节日，每年的日期都不会发生变化。

很多新年

同很多地方一样，我们会在1月1日庆祝新年。但是依据宗教和民族不同，我们也庆祝其他新年。柏柏尔人会在1月12日庆祝新年，而犹太人的新年则在9月或10月。人们会在犹太新年品尝节日大餐。当然，还有穆斯林的新年，由于伊斯兰历的特殊性，每年节日的时间都有所不同。例如，2000年过节的日子是4月6日，2010年就是12月8日。

摩洛哥的英雄

我喜欢马鲁万·查马克，他是我最喜欢的球员。至于莱拉，她最喜欢的明星是喜剧明星加德·艾尔马莱。他总是让我们开怀大笑。

modhhk 喜剧明星

我们一家参加过在马拉喀什举办的世界幽默艺术节。那次节日邀请了加梅勒·杜布兹和很多来自法国和摩洛哥的笑星，非常有趣。

moumathelia 女演员

作为一名歌手、舞蹈家和演员，索菲娅·埃萨伊迪在音乐剧《埃及艳后》中完美诠释了埃及艳后的形象。

现在的明星

我们喜欢加德·艾尔马莱以及加梅勒·杜布兹的脱口秀和电影。前者出生于达尔贝达（卡萨布兰卡）；后者出生在法国，但具有摩洛哥血统。在摩洛哥，足球领域的话题永远是最多的。我是足球迷，我非常喜欢看马鲁万·查马克以及纳塞尔·沙兹利的比赛，后者是一位比利时球员。

monkawama 抵抗运动

穆罕默德·本·阿卜杜·克里姆·哈塔比是摩洛哥著名的民族反抗领袖，时至今日，他的事迹依然为人们所津津乐道。在1921至1926年间，他领导摩洛哥人进行了著名的反对法国和西班牙人统治的里夫战争（里夫山位于摩洛哥北部）。

传奇的旅行家

伊本·拔图塔出生于摩洛哥北部的丹吉尔，毫无疑问，他是摩洛哥14世纪时最著名的人物。你可以想象一下，他行走了12万千米，从家乡丹吉尔到中国东南部，甚至到过马里和俄罗斯。在29年间，他的足迹遍布44个国家。这场极不平凡的旅行，起初的动机，是去沙特阿拉伯的麦加朝圣。在途中，他遇到很多在世界各地做生意的阿拉伯商人，他经常与商人们携手同行，彼此间结下深厚友谊。伊本·白图泰的这些经历被记载在一本叫作《伊本·拔图塔游记》的书中。

故事

我喜欢听故事。很幸运，我的祖母很会讲故事。在她讲的故事中，总有一些天才，而美女和苏丹在经过很多考验后最终会走到一起。我和其他小孩子一样，非常喜欢提斯利和伊斯利的故事。提斯利和伊斯利原本属于不同的部族，美丽的提斯利出生在阿特拉斯山脉，她见到了来自附近部落的伊斯利，他们深深地相爱。然而，部落反对他们走到一起，因为两个部落之间正在爆发战争。他们忠贞不渝的真情感动了神，提斯利和伊斯利的泪水化成了湖泊。正是在这一奇迹的感召下，双方部落终于允许他们结合。

moughania 歌手

从“灵魂”音乐、“疯克”音乐、爵士乐到节奏布鲁斯，乌姆的音乐风格非常多样，但是她甜美而有穿透力的声音总是很容易辨认。追溯过往，她的演艺生涯开始于参加儿童电视节目。

阿威罗伊：伟大的先知

伊本·路西德出生在西班牙南部的科尔多瓦，他的拉丁名为“阿威罗伊”。他是一名哲学家、数学家、法学家和医生，同时也是一位非常重要的伊斯兰宗教理论家，他逝世于马拉喀什。如同中世纪其他伟大的思想家一样，他就读于卡鲁因大学，在非斯生活和学习。这位伟大的先知曾非常有见地地点评了古希腊哲学家亚里士多德的作品。

一个国家的多种语言

（可以骑骆驼）

在学校，按规定我们会学习书面阿拉伯语。但是在家中与父母交流时，我们会使用阿拉伯方言或是柏柏尔语。

一门世界性的语言

阿拉伯语是西至摩洛哥，东至阿拉伯半岛区域20多个国家和地区的官方语言。除此之外，在厄立特里亚，人们也使用阿拉伯语。阿拉伯语起源于阿拉伯半岛，在12世纪得到了发展，对世界文明进步产生了巨大影响。今天，全世界使用这门语言的人已经突破4亿。

阿拉伯还是马格里布

我们每天使用的阿拉伯语是摩洛哥阿拉伯语，也叫作马格里布阿拉伯语。同书面阿拉伯语相比，马格里布阿拉伯语有一些词和发音不同。比方说，马格里布阿拉伯语中的很多词来自柏柏尔语、法语以及西班牙语，而书面阿拉伯语则是我们在学校学习和书写的语言。

多样化的母语

虽然阿拉伯语是国语，但根据地域和场合的不同，阿拉伯语也会变得大相径庭。在摩洛哥，所有人都会使用马格里布阿拉伯语，但我要告诉你一个秘密：它并不是所有人的母语。在摩洛哥南部的撒哈拉地区，人们使用的阿拉伯语有些不同。很多人在家中交谈时，会使用柏柏尔语。

从右到左

阿拉伯语是从右到左书写的，问号、逗号和分号也都是和汉语中的标点相反的。柏柏尔语字母叫作提非纳。阿拉伯语共有28个字母，都是辅音，元音用附加符号来表示。不过根据字母在句子中的位置（句首、句中和句尾），字母的拼写形式也会发生变化。

你好，我的名字叫作卡米尔，我 9 岁了。

是的，我有一个姐姐，她 12 岁。

不会，但我认识几个单词。

谢谢，这个橙汁非常好喝。

不行，我要做作业。

我也是，我喜欢游泳。

请放上对应页的硫酸纸，然后翻到第 172 页，看看她们在说什么吧！

摩洛哥风味菜

你喜欢库斯库斯吗？我们每周五中午都会吃它。同学们很享受这种用餐的方式，因为这是一个大家聚在一起的机会。在这一天的下午，学校会推迟上课的时间。

kaât joulous maghribia

摩洛哥客厅

客厅是摩洛哥人家中非常重要的一个空间。客厅有很多用途，我们可以在这里吃饭、喝茶，也会在这里接待客人、与他闲聊。晚上如果没有足够多的卧室，人们也会在客厅里睡觉。

用餐时刻

在家的时候，人们会聚集在客厅用餐。大人和孩子围绕着矮桌，坐在长凳上。有时，我们会用自己的盘子各吃各的。但有的时候，我们也会将菜集中起来，装在桌子中间的大盘子里，大家一起分享。我们习惯用右手抓食物吃，主食主要是面包。不过，有的时候我们也会使用勺子和其他餐具。

街上美食

在摩洛哥到处都可以买到吃的东西。流动的小商贩，走街串巷推销新鲜的果汁、茶、摩洛哥特有的哈利拉汤或是孜然鹰嘴豆。这些小零食非常美味，我们经常在街边站着吃。

茶歇时间

我们没有专门用来品尝清茶的时间。一天里，我们在任何场合都会茶不离口。这里大部分人喜欢甜茶和热茶。我们习惯用装饰有阿拉伯藤蔓花纹的小茶壶和玻璃杯，泡茶时要举起茶壶，使茶水冲进杯子里泛起白色的泡沫，据说这样可以让茶更好地溶解糖。

享受早餐

在出发去上学之前，我都会喝一杯鲜榨的橙汁，吃些黄油面包片或者饼干。周末是孩子们最享受的时光，时间宽裕的话，我会吃些更丰盛的小吃，千孔法式薄饼或是蜜制摩洛哥薄饼总让我爱不释手。

周五的库斯库斯

一般情况下，在周五的祷告（这是一周中最重要的祷告）之后，我们都会喝着酸奶品尝库斯库斯。大人会使用专门的平底锅亲自动手制作库斯库斯。人们把粗麦粉蒸熟，上面放上用小火慢慢炖熟的蔬菜和肉类。

kouskousi 库斯库斯

我们将库斯库斯放在最下面，而上面放上可口的菜和肉，堆成类似于金字塔的形状。

露天厨房

摩洛哥的饮食中，以库斯库斯、塔吉锅和饼最为著名。但是摩洛哥菜也包括很多阿拉伯菜和柏柏尔菜。你听过哈利拉汤吗？让我来告诉你，这可是一种非常美味的汤。

fawakeh jaffa　干果

椰枣、橄榄、干果、开胃菜以及各种各样的甜点，还有茶和果汁，是斋月时摩洛哥人晚宴必不可少的。

节日大餐

在摩洛哥，每一个节日都有属于这个节日的菜肴。在古尔邦节的时候，我们会吃到很多羊肉做的菜肴，特别是那种成串的烤肉最受欢迎。在斋月里，晚餐是我们一天中唯一的一顿饭，并且日落后才能开饭。在晚餐的时候，人们会吃一些甜的或者咸的菜肴。我们习惯用椰枣填充空腹，然后喝哈利拉汤，这种汤的味道很好，做法也不复杂。这是一种以西红柿、干蔬菜和肉为主要原料熬煮的汤。而我则喜欢吃用蜂蜜和芝麻加工制作的小点心。

多种多样的菜肴

在摩洛哥，每个地区都有自己的特色菜。例如，在马拉喀什地区，我们推荐烤羊羔肉。为了做这种烤肉，我们需要将肉放在罐子里，下面用炭火烧 8 个小时。在摩洛哥南部，也就是阿加迪尔地区，我们喜欢吃塔吉锅。

tajin　塔吉锅

塔吉锅的特点是它的高盖帽。我们将食材放在封闭的锅里，然后放在火上烤。

丰富的甜点

你喜欢蜂蜜吗？你喜欢杏仁吗？橙子花呢？如果你的回答是肯定的话，那么你一定喜欢摩洛哥甜点。摩洛哥甜点选用的食材种类十分丰富，款式多种多样。你也许对外形像羚羊角的点心并不陌生，这是一种半月形的点心，在制作羚羊角点心的过程中，我们会在里面放上杏仁。也有一种圆形的甜饼干，我们通常会在这种点心的中心放上芝麻或者杏仁。还有菱形的巴斯布萨，里面会放干果。如果说更甜的点心，那也许就是马克鲁了，它是用淀粉做成的，配上蜜枣、李子或者无花果。

西红柿、橄榄、香料

西红柿在摩洛哥菜系当中是必不可少的食材。无论是在冷盘、汤还是塔吉锅中，我们都能看到西红柿的身影。我们还很喜欢橄榄，无论是单独食用还是作为食材的一部分。这里有各种颜色的橄榄，绿色的、红色的和黑色的。我们也很喜欢使用调味品，特别是孜然。胡萝卜或者鸡蛋配上孜然，吃起来就非常美味，你可以试一下。在摩洛哥的集市里，我们会买摩洛哥出产的混合香料包。做菜的时候，我们经常使用这种香料包。我们也经常买胡椒、丁香、生姜、孜然、桂皮、肉豆蔻等配料，因为要做出可口的菜肴，是少不了它们的。

hanout 小商店

在商店当中，橄榄和香料会被摆成五颜六色的金字塔形状，散发着香气迎接客人。

莱拉和伊迪尔的配方

这些，你要在大人的帮助下完成。

这是两个典型的摩洛哥配方：羚羊角点心和哈利拉汤。

羚羊角点心

准备时间：15 分钟

加工时间：15 分钟

6 人份配料：

- 500 克杏仁粉
- 250 克细糖
- 300 克面粉
- 1 小撮桂皮粉
- 2 勺融化的黄油
- 2 勺橙花水
- 1 小撮盐

将面粉和盐放在盆中。在面粉中央挖一个小洞，倒入黄油和橙花水。将盆中的所有食材混合在一起，慢慢将面粉和黄油、橙花水揉到一起。揉 10 分钟左右，在和面过程中，如果发现面粉太过松散，可以加少量水。

在另一个盆中倒入杏仁粉、糖、桂皮粉，以及剩余的橙花水。将这些配料混合在一起直到和成面团状，但一定要做得柔软些。

揪一个核桃大小的杏仁粉团，然后制作成细细的长条形。

从第一块面团里揪一个小橘子大小的面团放在面板上。用擀面杖把面团擀成薄薄的小长方形。然后把长条杏仁粉团顺着长的方向放在面饼上面，用面饼包裹起来，用手捏成羊角形。

把微波炉预热到 150 ℃。然后将这些做好的“羚羊角”放在涂过油的面板上，最后一道工序就是将它们放入炉中，烘烤 15 分钟左右，直到变成金黄色。

等它们凉下来，你就可以品尝了。

哈利拉汤

准备时间：20 分钟

加工时间：1 小时

6 人份配料：

- 100 克扁豆
- 200 克被切成小块的牛肉或者羊肉
- 6 个西红柿
- 150 克浸泡一晚的鹰嘴豆
- 1 个洋葱、1 小把香菜和香芹
- 50 克粉丝和 50 克面粉
- 1 咖啡勺姜黄和孜然粉
- 2 勺番茄酱
- 盐、胡椒、橄榄油

在炖锅中倒入橄榄油，然后放入切碎的洋葱。接下来，分别放入肉、番茄酱、姜黄、孜然粉、盐和胡椒。不要忘记倒入半杯水，然后用小火慢慢煨炖。

加入剥皮、切成丁的番茄以及鹰嘴豆和扁豆。再倒入少许的橄榄油，加入 2.5 升水。用小火炖 40 分钟左右。

在此期间，在另一个碗里搅拌面粉和水，搅拌成稀面糊。在汤热了之后，加入粉丝和切碎的香菜，再用小火炖 10 分钟左右。

最后，将搅拌好的面糊倒入汤中，用小火炖 2 到 3 分钟，再放入香芹，5 分钟之后关火。

大家就可以趁热享用了。

此处独有的风景

来领略我们的传统吧。看一看我们如何接待客人、如何庆祝节日。

独有的树

摩洛哥坚果树，也就是阿甘树，生长在摩洛哥的西南部。很久以前，柏柏尔人就养成了把坚果用作食材的习惯。这里的人们喜欢用果核制取坚果油。在苏斯河地区，我们经常会看到一些山羊爬到带刺的坚果树枝上吃坚果。

历法

伊斯兰教历开始于公元622年7月16日，在这一天先知穆罕默德离开麦加前往沙特阿拉伯的麦地那。根据伊斯兰教历，一年共分为12个月，每个月为29天或30天不等，每个月都比公历要短一些。

al-henna 散沫花

女人们会使用散沫花将自己的头发装扮得五颜六色。她们还会用散沫花作为染料在手上或脚上绘上图案。

令人难忘的婚礼

摩洛哥传统婚礼要持续3天的时间。第一天，新娘梳洗打扮一番，穿上漂亮的礼服。第二天，人们会在新娘的手脚上绘上美丽的图案。第三天，新郎将会在其他穆斯林的陪同下去新娘家，为新娘带去礼物。在接亲的当天晚上，新娘会穿着穆斯林传统的白色皮里长袍，在新郎和受邀的亲朋好友的陪伴下，登上轿子回到新郎家。

玫瑰节

在每年的5月份，位于马拉喀什东南部、靠近瓦尔扎扎特的小镇凯拉姆贡纳都会举行玫瑰节。每年收获季节结束之后，附近村镇的人不分男女老少，都会穿着最漂亮的服装来到这里选举“玫瑰皇后”。清脆悦耳的歌声飘荡在小镇的上空，欢声笑语、忘情的舞蹈和精心装饰的两轮马车充实了小镇的大街小巷，到处都散发着玫瑰的芳香。

haïd al ward 玫瑰节

节日的主角是在摩洛哥使用非常广泛的玫瑰花。玫瑰不仅被摩洛哥人用作食材，还被广泛使用到化妆品中，例如用作面部清洗之用。

骑术表演

你了解传统骑术表演吗？穿上骑士的服装，准备好猎枪，骑士们灵巧地驾驭着被精心装扮好的坐骑。这种骑术表演来源于古代战争，经常会在收获季等重要时刻表演。

fourousia 骑术表演

战马的嘶鸣声和枪声总是能够很大程度地调动观众的热情。在摩洛哥，我们称之为阿拉伯骑兵骑术表演。

1

2

3

4

5

6

7

你可以在第 173 页找到这些图片的说明。

词汇汇总

阿拉伯语—汉语

aâlam	国旗	*aïd erlaarch*	国王登基日
al-henna	散沫花	*awrak bankia*	货币
chleuh	柏柏尔人	*darrbouka*	达拉布卡鼓
fawakeh jaffa	干果	*fourousia*	骑术表演
haïd al ward	玫瑰节	*hanout*	小商店
jeleleb zinete	美丽的长袍	*kaât joulous maghribia*	摩洛哥客厅
kolla yawm	每一天	*korra*	足球
kouskousi	库斯库斯	*laâb el korra kadam*	足球运动员
madrassa	小学	*majania*	免费的
majliss anouwed al maghribi	摩洛哥议会	*malik Mohammed VI*	国王穆罕默德六世
modhhk	喜剧明星	*monkawama*	抵抗运动
moughania	歌手	*moumathelia*	女演员
rifia	农村的	*rlouf fel'mdina*	城市中的羊
saboun aswed	黑肥皂	*sahat ezalk*	滑雪
sibak aicha ghizlen	羚羊越野拉力赛	*tajin*	塔吉锅
wajibet	作业		

这就是第 161 页莱拉和卡米尔的对话：

你好，我的名字叫莱拉，我住在达尔贝达（卡萨布兰卡）。

你好，我的名字叫作卡米尔，我 9 岁了。

我有一个兄弟，叫希沙姆。你呢？你有兄弟姐妹吗？

是的，我有一个姐姐，她 12 岁。

你会说阿拉伯语吗？

不会，但我认识几个单词。

5 点了，该吃饭了，你来和我们一起吃饭吗？

谢谢，这个橙汁非常好喝。

你想和我一起玩吗？

不行，我要做作业。

周日，我去海边。

我也是，我喜欢游泳。

再见！

❶ 建筑上由色彩斑斓的方形陶片拼接而成的图案，是摩洛哥代表性的建筑风格。

❷ 皮革商在染料中手工加工皮革。

❸ 在摩洛哥，驴很常见，这是一种非常好用的牲畜。

❹ 梨果仙人掌在摩洛哥非常常见，它的果实含有丰富的维生素 C。

❺ 撒哈拉地区的梅尔祖卡，那里有摩洛哥最高的沙丘群。

❻ 每年 8 月份的时候，作为候鸟，鹳都会在屋顶和塔尖安家。

❼ 这些铜制的、铁制的和玻璃制的灯笼是摩洛哥的传统灯笼。

❽ 摩洛哥小镇舍夫沙万被称为“蓝白小镇”。

❾ 在手上和脚上涂抹各种图案在摩洛哥非常流行，特别是在结婚以及出生等重要的日子。

❿ 丹吉尔是摩洛哥唯一能够同时看到地中海和大西洋的城市。

⓫ 非斯建造于公元 9 世纪的卡鲁因大学的绿色房顶。

⓬ 柏柏尔地毯是柏柏尔人独特的手工编织品。

⓭ 瓦尔扎扎特地区是摩洛哥重要的电影拍摄基地。

⓮ 这种漂亮的窗户叫作穆沙拉比格栅，既可以减少阳光的直射，又可以让窗内的女孩不被行人看到。

再见！

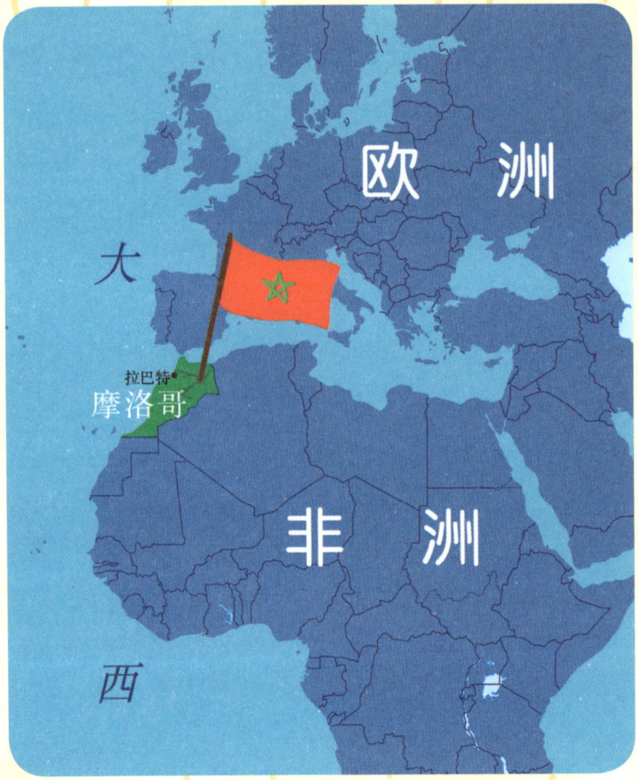
欧洲
大
拉巴特
摩洛哥
非洲
西

P

12

去旅行

你知道猴面包树长什么样吗？你知道玻璃绘画是怎么做出来的吗？你知道棕榈树会长到30米高吗？想不想去看一下奴隶岛？同阿米纳塔和伊夫一起去了解塞内加尔的文化和生活方式吧！

跟我
游塞内加尔

[法]塞西尔·伯努瓦（文）
[法]卡米耶·拉杜斯
[法]朱利安·卡斯塔尼耶（绘）

去旅行 2

欢迎来到塞内加尔

塞内加尔是一个非洲小国。这将是一次在丛林、城市、河流和大海之间的旅行。

guy 猴面包树

作为塞内加尔的象征之一，猴面包树是一种神秘和充满传奇色彩的树种。塞内加尔人用它做食物、药材以及乐器的弦。

你好，我是阿米纳塔

我 9 岁了，住在达喀尔，这是塞内加尔的首都。我的爸爸是学校老师，他有两个太太。我的妈妈是饭店的厨师。偶尔，我需要照顾弟弟妹妹。我总是和邻居的小伙伴一起玩，一起唱歌、跳舞、做游戏。我梦想有一天能够周游世界。

你好，我的名字叫伊夫

我 10 岁，住在辛-萨卢姆地区的马罗杰岛。在那里，我们的出行主要靠步行、四轮敞篷马车或是独木舟。我是村足球队的一员，也从不会错过传统摔跤比赛。我们家族很大，人口众多，除了爸爸妈妈和我的兄弟姐妹外，还有我的爷爷奶奶、叔叔、姑姑、堂兄弟和堂姐妹，我们相亲相爱地一起生活。

REPUBLIQUE DU SENEGAL
CARTE NATIONALE D'IDENTITE

塞内加尔

首都： 达喀尔

面积： 19.67 万平方千米

人口： 1510 万（2015 年）

官方语言： 法语

常用语言： 沃洛夫语

政体： 半总统共和制

塞内加尔粮仓

卡萨芒斯地区位于塞内加尔南部，邻近冈比亚。这里植被茂盛，土地肥沃，雨水丰沛。由于农作物在这里很容易生长，我们也把这个地区称为“塞内加尔粮仓”。

热带稀树草原、河流和森林

在塞内加尔，郁郁葱葱的森林和红树群错落交替。水中的植物参差交错，如同迷宫。干燥一些的地区则被草原、戈壁和沙漠占据。由于靠近大西洋和塞内加尔河，这里有很多湖泊、河流和森林。

一个年轻的民主国家

塞内加尔过去是奴隶制国家和殖民地，如今已经变成一个政教分离的共和国。

fàttaliku 回忆

作为奴隶的非洲人，在被用船运往美洲之前，会被关进位于戈雷岛的狭小房子里。那里的生活条件非常恶劣。贩卖黑奴是人类历史上一段无法忘记的黑暗回忆。

国王、奴隶、佃农和公民

当欧洲人在15世纪来到非洲西部的时候，他们发现这里有很多割据一方的小王国。欧洲人从此开始大肆进行黑人贸易，也就是贩卖奴隶。从17世纪开始，法国和英国争夺塞内加尔，塞内加尔最终成了法国的殖民地。当地的土著被当成拥有极少权利的“物品”，除非是居住在圣路易、戈雷、鲁菲克和达喀尔的城市居民，只有他们可以被称为法国公民。最终，塞内加尔在1960年获得独立。

从国家到村镇

如今的塞内加尔，所有的公民地位都是平等的，所有的民族和信仰都会得到社会尊重。总统通过普选产生，凡是做出的决定都需要众议院和参议院通过。国家被分为很多大区、省、县、镇和乡村。在村镇当中，镇长一般都是由当地最有资历的人来担任。

核心词汇

奴隶制： 以奴隶主占有生产资料和生产者（奴隶）为基础的社会制度。

殖民地： 最初指一国在国外所侵占并大批移民的地区。在资本主义时期特别是帝国主义阶段，指遭受外来侵略、丧失主权和独立、在政治和经济上完全由宗主国统治和支配的地区。

政教分离： 改变政教合一，使政权脱离教会支配的政治主张。

民族： 在一定历史阶段形成的有共同语言、共同地域、共同经济生活和表现为共同文化上的共同心理素质的稳定的人的共同体。

桑戈尔的足迹

列奥波尔德·塞达·桑戈尔在1960年成为塞内加尔的第一位总统。这位信奉天主教的总统在一个90%以上的国民为穆斯林的国家被选举为总统，说明了塞内加尔人民对宗教的包容。桑戈尔强调社会民主和社会经济的发展。阿卜杜·迪乌夫在1981年成为桑戈尔的继任者。阿卜杜拉耶·瓦德在2000年接替了迪乌夫。2012年，马基·萨勒接替了瓦德。

njiitu-réew 总统

作为“诗人总统”，桑戈尔在20年间连任总统，治理塞内加尔。他是塞内加尔国歌的作词者，同时也是一位伟大的法语作家。

raaya 国旗

塞内加尔的格言是“一个民族、一个目标、一种信仰”，它表示一个团体（民族）只要有信念（信仰）就有可能建立国家（目标）。

位于非洲的塞内加尔

在20世纪60年代，很多曾经沦为殖民地的国家相继独立。但很不幸的是，其中一些国家脱离殖民统治后又迅速陷入了独裁统治，另一些国家则出现了严重的经济、社会和政治危机。而在塞内加尔境内，国家在稳定的环境下发展并实现了民主政治。因此，虽然同样面临着一些困难，但塞内加尔从独立之日起始终是非洲民主的标志。

塞内加尔大事记

1848年 废除奴隶制。

1854年 费代尔布将军开始了塞内加尔的殖民统治。

1889年 塞内加尔和冈比亚的边界由法国和英国划定。

1895年 法属西非联邦成立，塞内加尔和其他西非国家都在其中。

1946年 非洲殖民地居民被赋予有限的公民权。

1956年 殖民地被赋予一定范围的自治权。

1960年 塞内加尔宣布独立。

xaalis 货币

塞内加尔的流通货币是非洲法郎，这是一种在很多非洲国家内流通的货币。

包容性强的小学

上小学之前，大部分人没去过幼儿园。
虽然信仰不同，但这不会成为我们学习生活的障碍。

eleew 学生

每个班级的学生数量都很多，40、50甚至60个人！我们几个人坐在一条凳子上，因为学校没有足够的桌椅板凳提供给每个人。

公立小学

在塞内加尔，6—16岁的孩子必须入校学习，这个阶段是义务教育。学生们在进入初级班之前，首先要进入预备班，然后会进入高级班学习，接着再继续在初中和高中学习。用餐都是付费的，有一些学校会收学费，当然学费一般都很低。

niroole 制服

在塞内加尔一些学校里，我们会穿短袖和统一的制服。

针对不同人的教育

社会小学主要针对9至14岁没有读过书的孩子或者辍学较早的孩子。他们将会接受有助于他们迅速就业的教育。有一些特殊的学校也会接收成年文盲，让他们继续学习。

私立小学

私立小学的费用比公立小学的费用更高，学习环境也更好，学生因此会取得比公立小学更好的学习效果。这就是为什么很多家庭将孩子转到私立学校去读书。在塞内加尔，大部分小学是宗教小学，学生们接受天主教徒或者穆斯林的教育。在这里，宗教信仰差异并不会成为大家在一起生活学习的障碍。

古兰经学校

在周末或者假期的时候，穆斯林家庭的孩子会去附近的古兰经学校。其余的孩子则会寄读完成学业。现代学校是付费的。孩子们在那里学习伊斯兰文化，也参加在田地里干活一类的劳动。在传统学校，学生的生活要艰苦得多，孩子们在穆斯林导师的看护下要参加很多劳作，并且很少有机会同家长见面。

更小的孩子呢

尽管在大城市有一些幼儿园，但在6岁之前，很少有孩子去上学。当然，有一些小孩子会去学前班学习阿拉伯语，这种学校多是由私人或协会主办，主要针对的是学龄前儿童。

jàng 熟记

在古兰经学校，学生们在用阿拉伯语学习《古兰经》。

一天的学习课程

阿米纳塔去了公立小学，而伊夫上了私立天主教小学。你想陪他们去上学吗？

déggal 服从

学校有规定，我们需要排队进入教室。在小学遵守纪律是非常重要的。

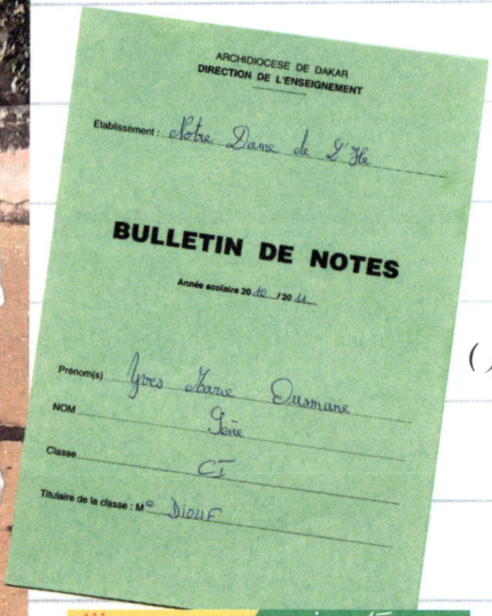

（成绩单）

lijaasa 文凭

每学期，我们都会收到学校发的成绩单。在小学结束的时候，我们会参加毕业考试，是小学升入初中的测试。

8:00

开学和假期

学年从10月份开始，持续到第二年6月份。最开始的几周是用来注册和分发物品的。我们需要打扫教室和院子，因为那里经过雨季（6—9月）已经杂草丛生。在学年期间，12月和1月我们会有假期。

出发去学校

很多孩子步行去学校。很多人要走超过1个小时才能到达学校。每天早上，我们都会在院子中升国旗。8点钟，钟声响起，到了进教室的时间了。按照学校的计划，我们学习数学、写作、历史、地理以及自然科学知识。此外，我们还有体育课和公民教育课。

10:30

课间休息

上午，我们有30分钟的课间休息。我们会在院子里的店铺买一些小糕点，然后一起玩耍，再回到教室上课。

bind　写　作

写作课程都是用法语讲授的，但是老师有时也会使用当地语言，以便让孩子们能更好地理解，特别是在知识学习的基础阶段。

13:00

午餐时间

课间休息后，我们会继续学习，然后在13点，我们结束课程。每个人都会回到家里吃午饭。在公立小学，我们下午的时间是自由的。

16:00

伊夫要回到学校

每周二和周四，私立小学在16点到18点会继续上课。在高年级下学期，班主任会要求学生在下午或周六上午来学校上课，以便能够更好地准备结业考试。

njàng　学　习

我们的作业有两部分——需要独立完成的个人作业和需要同其他人一起完成的团队作业。有的时候，我会让我的父母或者叔叔帮助我。

学习阿拉伯语

在法语—阿拉伯语学校，我们有一部分课程是用阿拉伯语讲授的。这种课程在小学、初中和高中是选修课。

有趣的假期

放学后，我们永远都不会感到孤独。总有一些朋友、邻居或者家人来陪我们一起玩或者聊天。

和家人、邻居在一起

孩子们受到整个家族的关爱，可以随时出去玩耍。但是如果犯了错误，无论哪个大人都可以责骂犯错的孩子，即使他们彼此并不认识。我大部分时间同我的爷爷奶奶在一起，听他们讲年轻时的故事和笑话非常有趣。傍晚，所有人都会聚集到邻居家的电视机前，兴致勃勃地观看今日要闻和喜剧演员的表演。

njaboot 家 庭

年龄大的人在家庭里特别受尊重，我们都尊称其为“长者”。

yéeg 爬 树

孩子们喜欢爬到棕榈树上去摘它的果实。棕榈树有的时候可以长到30米高。

帮忙

雨季的时候，我们很高兴能够帮助父母完成田间的工作。在家里，年长的人时常照顾年轻人，帮助他们完成每天的家务。我的哥哥总是带我去商店买东西。这让我们都感到各自的重要性。

打扮

即使家境贫寒，女人们也都愿意把自己打扮得非常漂亮。我喜欢姐姐们帮我把头发编起来。但是我不喜欢缠腰布，这是一种围在腰上的非洲特色的布制品。我喜欢本地裁缝做的裙子和套装。我每天戴不同的首饰，每一个首饰都是经过仔细挑选的。

ndaanaan 艺术家

塞内加尔人对回收艺术很有天赋。这辆微型轿车就是用被拆解的金属废品组装成的。

和朋友去乡下

我经常去钓鱼，也喜欢和朋友们一起去乡下。我们的玩具很少，只能用我们能找到的东西来制作：铁丝、木头、塑料、布条……它们会变成有趣的玩具。每个周日，我们都会去教堂唱圣歌。每年，我都有机会去童子军营地，我很喜欢那里的生活，因为能在军营学到很多东西。

在亲戚家过假期

在长假期的时候，我经常去亲戚家，与堂兄弟姐妹和他们邻居家的小朋友在一起，愉快地度过整个假期。我们一起捉迷藏，从村镇的一个院子跑到另一个院子。但我最喜欢的游戏还是跟踪游戏和斗猴。

futbal 足　球

我们一般在傍晚练习踢足球。假期的时候会组织足球比赛。

活力四射的运动

在塞内加尔，人们喜欢足球和摔跤这两项运动。所有人都愿意观看足球比赛和摔跤比赛，无论是街区组织的还是国家级的。

女子篮球冠军

塞内加尔国家女子篮球队在塞内加尔的名气很大，经常获得非洲冠军，也曾多次代表非洲参加世界级赛事。队中最优秀的球员会获得“篮球女王”的桂冠。在达喀尔，有很多女孩从事篮球运动。

estaad 球场

在达喀尔，邓巴·迪奥普体育场是承办大型摔跤比赛和足球比赛的地方。

为足球疯狂

在塞内加尔，所有人都为足球而疯狂。即使是很小的村镇也有自己的球场，当然它是不规则的，有时只是一小片简单的沙地。我们的业余比赛多在雨季进行。高水平的球队会参加国家级别的联赛。我们国家最好的球员会加盟欧洲联赛，例如射手马马杜·尼昂和前锋穆萨·索乌。

沙地球场

在塞内加尔，正规标准的球场很少，特别是在村镇。我们经常会在早上或者傍晚的时候去海边，因为那时候天气不太热。我们在沙滩上追逐奔跑，也经常会画出一块区域踢足球，也有的小伙伴选择摔跤或者其他强身健体的运动。

mbappat

摔跤比赛

在雨季的时候，男人们会将他们的力量用在比赛当中，这种摔跤比赛过去要持续 45 分钟。现在比赛时间要短得多。

传统摔跤表演

在路上、在沙滩上、在学校的院子里，到处都能看到摔跤比赛。这项运动最初来自塞内加尔的一个民族，但现在已经在全国范围内流行。摔跤运动员想要击败他的对手，就需要将对手摔倒在地。在传统摔跤比赛的现场，经常伴有民族舞蹈、音乐，歌手还会为选手献歌助威。当然不要忘记，在现场，我们还能看到传统的宗教仪式。

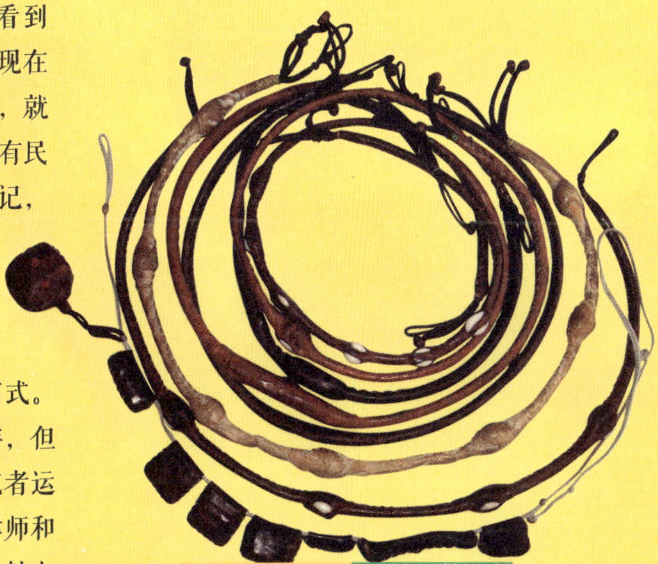

xonjom

护　符

为了在比赛中获得好运，摔跤选手会戴上代表运气的饰物上场，我们称之为护符。

职业选手：摔跤和拳击

现在优秀的摔跤选手会采用摔跤和拳击相结合的方式。在比赛中，用拳头攻击是允许的，就如同拳击比赛一样，但在这里不允许使用手套。这些职业选手都来自参赛队或者运动中心，在那里，他们可以找到最好的教练、经理、律师和最好的巫师，巫师负责在比赛中举行宗教仪式。比赛会被电视直播，引发广泛的关注。

欢腾的节日

我们的很多节日与庆典都与宗教相关，虔诚地庆祝、开心地聚会是不变的主题。
来，参加我们的庆祝活动吧！

丰收的季节

每到花生收获的季节，我们就会举办“垒花生”的比赛，选手们把成袋的花生堆放到指定的地方，放得越多越快，成绩就越好。每当这时，大家载歌载舞走街串巷，欢腾雀跃，笑容挂在每一个人的脸上。

feet 聚会

在忏悔星期二这个基督教节日，孩子们会装扮自己参加狂欢，随后穆斯林的斋月就开始了。

圣诞节：低调的庆祝

天主教徒会聚集在教堂做午夜弥撒，庆祝基督的降生。这里没有大型晚餐，也没有互赠礼物。不过，在达喀尔和其他大城市，人们会按照欧洲的方式庆祝圣诞节。

围绕着宗教的节日

圣纪节、开斋节和古尔邦节都是穆斯林的传统节日，复活节、圣母升天节、圣诞节则是天主教徒的传统节日。在这些宗教节日中，人们一起祈祷，大家的广泛参与使节日显得非常热闹。那些在远方的人都会回到家乡与亲人团聚。除此之外，在波彭京和图巴等地还会组织大型朝圣活动。

misik 音乐

在所有的节日中，人们都会随着沙巴鼓和金贝鼓的旋律起舞。而伴奏乐器达姆达姆鼓是用树干和山羊皮做成的。

成人礼的秘密

作为重要的传统节日，成人礼意味着一个人走向成熟。这种仪式根据种族不同会有变化，但是总会有一些神秘的环节：我们会让年轻人走向森林，来到神树前，让神树赐予他们知识。也有专门为女孩准备的仪式，有一些是在她们结婚时进行的。这些约定俗成的仪式也不能完全用科学解释。

致敬

4月4日是庆祝塞内加尔独立的国庆节。在3月8日国际妇女节这一天，我们会组织一些会议和节庆活动。8月23日国家纪念日是向在第二次世界大战期间为解放法国而牺牲的塞内加尔士兵致敬的。

simb gaynde 假狮子

塞内加尔人对狮子的崇拜是一种传统：对狮子痴迷的猎人模仿狮子，在人们面前装作非常凶猛的样子。通常，人们会在大型活动上，让一些人模仿野性的狮子。

当心假狮子

经过精心的装扮，一些假狮子会突然出现在街上。他们奔跑，并随着鼓点声起舞，寻找那些没有付给他们零钱的人，并模仿狮子吓唬大人和小孩。那些勇敢的观众会接受假狮子的挑衅，通过舞蹈来“驯化”假狮子。这种具有挑战性的互动过程，在塞内加尔当地非常受欢迎。

明星和英雄

成为艺术家和运动员是我们的梦想。这些人中有一些是国内的明星，还有一些则享誉全球。

xew　时 尚

很多女孩梦想着成为如乌穆·西或萨迪亚·盖伊那样的模特，穿着时尚品牌走在T型台上。

传统的声音

在塞内加尔，所有的广播都会播放姆巴拉，这是一种典型的塞内加尔音乐，其3位代表性歌手分别是著名乐队超级钻石成员奥马尔·佩内、抒情音乐歌手伊斯梅尔·罗和塞内加尔最受欢迎的女歌手维维亚娜·恩杜尔。传统音乐代表如巴阿巴德·马尔的作品也很受欢迎。除此之外，还有一些瑞格舞、说唱、萨尔萨风格的歌手和乐队也深受大家的喜爱。

woykat　歌 手

优素·恩杜尔推广了姆巴拉，使这种融合了传统与现代旋律和乐器的音乐更加流行。他也是一位广泛参与社会活动的艺术家。

过去和现在的作家

诗人总统桑戈尔和思想家谢赫·安塔·迪奥普是20世纪中叶推动、探究黑人文化的代表人物。比拉戈·迪奥普出版的传统诗歌有助于口语文学的推广，谢赫·哈米杜·卡内则有力地抨击了殖民统治。从20世纪80年代开始，塞内加尔女性作家开始涌现，如马里亚玛·巴和冈·碧桂功。

bindkat 作 家

法图·迪奥姆的代表作《大西洋腹部》唤起了很多塞内加尔年轻人的梦想——出国。

léeb 童 话

塞内加尔童话《力克兔的精彩故事》成为很多小学的教材，它的灵感来自非洲童话。

精明鬼古尔古尔鲁

这是由阿方斯·门迪创作出来的卡通形象，机灵的古尔古尔鲁似乎可以应对生活中的任何困难。它以喜剧短片的形式讲述跌宕起伏的故事，同时，古尔古尔鲁的形象更以幽默的方式诠释了塞内加尔人现实生活中的困境。古尔古尔鲁让所有塞内加尔人都开怀大笑。

体育明星

我们都喜欢足球运动员亨利·卡马拉，他在2002年世界杯上大放异彩，也是塞内加尔的最佳射手之一。哈吉·迪乌夫也是非常出色的前锋。我也喜欢摔跤运动员路易·迪奥尔，他获得了无数的荣誉，是我们的国家英雄。但除此之外，莫杜·罗、邦巴尔迪耶、巴拉·盖伊二世、泰森也都非常出色。

mbër 冠 军

叶海亚·迪奥普是冠军中的冠军，他自正式参加摔跤比赛以来，从未输过任何一场比赛。

巫师和乐师——英雄故事的传颂者

我们的巫师也是乐师，是非常受尊敬的艺术家。他们通过打击乐器或者使用其他传统乐器如科拉琴活跃节日气氛。他们也可以讲述很多塞内加尔部落故事，并将故事一代代口耳相传。这些祖先的故事对他们来说并不是什么秘密。

对各种语言应对自如

在我的家乡，我们说瑟韦尔语。但是在达喀尔，我会同别人说沃洛夫语。在学校，我们学习法语。是不是很厉害？

丰富的语言和濒危的语言

在塞内加尔的历史上，有很多民族长期聚居在一起：沃洛夫人、瑟韦尔人、迪奥拉人、曼丁哥人……在日常生活中，每个民族都使用自己的本民族语言相互交流，而这种语言随着村庄不同又会发生一些变化（方言）。因此，每个村庄的居民使用的语言都是不同的。到目前为止，已经统计出塞内加尔国内的语言共有 50 多种，但有 15 种濒临消失。

lákk 语　言

迪奥拉语、曼丁哥语、普拉尔语、瑟韦尔语、索宁克语、沃洛夫语都具有固定的书写模式。它们都是国家认可的语言。

每人一种语言和一种所有人都用的语言

在家里、在我们村镇，所有人都说瑟韦尔语。在去达喀尔看家人时、在日常生活中、在与朋友一起的时候，我会使用沃洛夫语。在学校的时候，我则使用法语。这是塞内加尔独立后的官方语言。

用沃洛夫语交流

沃洛夫语在塞内加尔、冈比亚和其他西非地区使用。沃洛夫语是 40% 塞内加尔人的母语，80% 的塞内加尔人使用这门语言。人们无需知道对方是什么民族，就可以使用沃洛夫语交流。但只有很少的人懂得如何书写沃洛夫语。有一些法语单词也会在沃洛夫语中出现，只不过有时发音会发生一些变化。

沃洛夫语
Na nga def?
Maa ngi fi rekk.

瑟韦尔语
Nafio?
Méhémèn.

普拉尔语
MbaaDa tampéré?
Diaamtan.

迪奥拉语
Kasumay?
Kasumay bale!

（“一切都好吗？”
“一切都好。”）

塞内加尔打招呼的方式

当两个人在路上相遇，一个人会说：“一切都好吗？”另一个人则回答：“一切都好。”

我的名字叫莉莉。我学习了一点沃洛夫语。

是的，我昨天刚到塞内加尔。

谢谢，非常美味。

好主意。这里天气很热，我希望能去游泳。

我们出发吧！

请放上对应页的硫酸纸，然后翻到第 206 页，看看她们在说什么吧！

一日三餐和零食

如果午餐可以自由选择，那么我们喜欢简单一些的菜。
无论在家里还是在外面，我们都喜欢聚在一起吃饭。

kuddu 勺子

按照传统，我们用右手抓饭。但是大家正在慢慢习惯使用勺子。

每天的菜肴

在上学或者上班的时候，由于时间紧张，我们得狼吞虎咽地吃下早餐。13点左右，我们回到家中，同家人一起享用米饭和炖了一上午的鱼。塞内加尔的午餐既没有开胃菜也没有甜点。在城市里，有些人会吃三明治。晚餐，我们会吃用本地谷物和剩菜煮的粥，有的时候，我们也会准备生菜或水果沙拉。

用餐礼仪

用餐时，饭菜被放在一个大碗里端上来。碗放在地上，我们围在周围，有的人蹲着，有的人坐在地上或者小凳子上。每个人都只取用自己面前的饭菜。在吃饭的时候，说不喜欢这道菜或者看别人吃饭都是不礼貌的举动。一旦吃完饭，大家就会起身离开。

节日大餐

肉是要留到大型聚会上吃的。聚会的时候，很多女人聚到一起准备一顿大餐。在大餐开席前，我总会先吃一些小点心。每次大餐，我们都会准备很多好吃的东西，因为我们永远都不知道会有多少人来。

gerte 花 生

在塞内加尔，花生的价格非常便宜，我们一般把花生用炭火炒熟，装在小袋中出售。

嘴边的零食

我非常喜欢巧克力酱，这是一种混合了巧克力和花生的酱，我会在早餐的时候把它抹在面包上。在塞内加尔，花生是大家嘴边的零食。年长的人喜欢人们为他们剥坚果。我们习惯在两顿饭之间吃些水果。

路边小吃

熟食店是一些用篷布和帘子围在一起搭成的小商铺。只花几块钱（非洲法郎），我们就可以买到煎蛋、豆角三明治、沙丁鱼面包、细面条、汤……我们可以在店里吃，围坐在唯一的一张桌子旁；也可以边走边吃。看哪，小贩在卖洋葱炒羊肉呢。

lekk 吃

只花几块钱，人们就可以买到各种各样的面包，甜的、咸的，羊肉馅的或鱼肉馅的……

旅途小点心

堵车的时候，无论在十字路口，还是在城市或村镇的入口处，流动商贩都会靠近机动车去兜售面包、熟鸡蛋、花生或水果。在旅途中吃一些点心是非常不错的事。

塞内加尔味道

大米、鱼、香料……准备好你的味蕾！
我们的菜品很多，而且非常美味！

marse

市 场

在鱼市上，买家和卖家可以协商价格，就如同一场游戏。

各种调料下的米饭和鱼肉

我们每天的主食都是米饭，因为在卡萨芒斯种植了很多水稻。塞内加尔也盛产海产品，特别是鱼类，品种很多，如石斑鱼、鲷鱼和沙丁鱼。我们会用很多方法来烹饪这些鱼。我们喜欢用洋葱汁配上米饭、鱼或肉食用。米饭和肉拌上花生酱也很好吃。

ceebu jën

米饭和鱼

我们最喜欢的菜就是用油煎炒的米饭配上西红柿、鱼和蔬菜，混合在一起。

香料和汤粉块

所有的菜都会放塞内加尔红辣椒调料，这是一种将草药、香料和辣椒绞碎融合在一起的调料。在这种调料当中，我们会使用汤粉块，这是塞内加尔菜中必不可少的一种调料。

玉米、稻谷、高粱

在城市以外的地方，很多家庭会种植粮食作物，根据地区不同，种植玉米、稻谷、高粱等。这些作物可以和鱼、肉或者蔬菜一起做成咸粥或者甜粥。有时候我们也会加奶。我们会把这些谷物捣得如沙子一样细。

doom　水　果

你知道芒果和番木瓜吗？我最喜欢的是枣，栗色的酸枣。这里还有西瓜，可以整个卖，也可以切开卖。

茶的礼仪

我们会把茶煮3道。第一道茶最为浓烈，芳香醇厚；第二道茶香味略淡，我们会加入薄荷叶；第三道茶味道最淡，我们会加入很多糖。我们将第一道茶献给客人和上了年纪的人。

àttaaya　茶

我们认为茶的泡沫越多，就意味着茶越好。所以在倒茶时，我们会反复倾倒很多次，直到泡沫达到最多的状态。而在准备茶的这段时间里，我们可以交流很多东西。

热饮还是冷饮

在路上，我们经常看到很多卖咖啡的商人。小花风车子是一种当地的植物，它的药汤可以治病。同样以功效著称的洛神花，时常作为药汤、鲜鱼或者冷饮的配料，被装在袋子里在商店销售。还有用猴面包果制作的甘露。除此之外，我们也喜欢苏打水。

伊夫和阿米纳塔的配方

这些菜品，你要在大人的帮助下完成。

到你动手了！我们要做的是金枪鱼三明治，我们非常喜欢的一种早餐。还可以给你的朋友们准备洛神花汁，这会让他们惊喜的。

金枪鱼三明治

准备时间：30 分钟

冷却时间：15 分钟

准备 4 人份，你需要：

- 4 条洗好、去鳞片的金枪鱼
- 1 个大洋葱
- 2 瓣大蒜
- 10 克胡椒
- 1 块综合调味料
- 4 勺油
- 1 个法棍面包
- 蛋黄酱

将金枪鱼放在热水中煮 10 分钟。剥好洋葱和蒜，将它们切成小块。将胡椒、调味料和蒜捣碎备用。

取出金枪鱼中间的脊椎骨，将鱼肉和胡椒、蒜做成的碎末放在一起，捣碎搅拌。

在锅里加热油，并缓慢倒入洋葱炒熟，装盘备用。

把准备好的东西放到锅里，再放入洋葱。微火煮 5 分钟左右，然后冷却 15 分钟。

继续搅拌成糊状。

加入蛋黄酱，将面包切成 4 份，在面包片上抹上金枪鱼酱。

洛神花汁

准备时间：15 分钟

浸泡时间：2 小时

准备 3 升洛神花汁，你需要：

- 2 碗干洛神花
- 3.5 升水
- 5 叶薄荷
- 1 瓣香子兰
- 2 勺橙花
- 200 克糖

洛神花洗净，放在一个加满水的容器中。加入薄荷和橙花。切开香子兰，将种子取出，然后放入水中，浸泡 2 个小时。放入糖，搅拌直到完全溶解。放凉后再饮用。你也可以把洛神花汁冷冻一下做成冷饮；还可以把洛神花汁倒入小方格中冷冻，做成洛神花冰棍。

这就是塞内加尔

如果想成为一个地道的塞内加尔人，
那么你就需要学习塞内加尔文化。

我有3个名字

我的名字叫伊夫，和我的表舅一样，我们都叫伊夫。我还有一个更加传统的名字——里路。我的小名叫杜克苏姆，这个词的意思是“温暖”。当祖父母或者家庭成员用你的小名开玩笑的时候，你是无能为力的，这是一辈子的事。

nuyoo 问候

我们用握手的方式打招呼，然后会询问对方的身体状况、家里的情况、村镇的情况、街区的情况。我们也会一起祝福和平。

tubaab 白人

很快适应塞内加尔文化的法国人被亲切地称为“塞内加尔人”。

传统的礼节

塞内加尔人都非常遵守传统礼节。当客人来访的时候，我们会邀请他喝水。客人在吃饭的时候来访，我们会邀请他就餐。我们习惯用“你”来称呼对方，在路上会相互打招呼，即使我们并不认识对方。对那些和我们父母同辈的人，我们也会称其为“爸爸”或“妈妈”。

这里的表达方式

猜一猜下面的词语是什么意思：

1. Miig！	A. 太好了！
2. Xuux！	B. 勇敢点！
3. Céy！	C.嘘！
4. Ndokk！	D.哦！
5. Mas-sa！	E.哇！

答案：1.C 2.E 3.D 4.A 5.B

（理发店）

pentuur 绘 画

在街上，我们随时随地可以看到那些商店或者楼房上手绘的招牌。

当地的民间艺术

玻璃绘画是塞内加尔传统艺术之一。艺术家会在玻璃板背面画上好几层。只有将玻璃板翻过来后，人们才会明白画的是什么。沙画也同样需要很强的技巧：在木板上用刷子刷上猴面包树汁，将天然的沙子撒在不同的位置，刮出轮廓，然后上色。

词汇游戏

上了年纪的人喜欢使用谚语。这种充满智慧的表达方式可以巧妙地表达他们的观点。如果你问你的朋友在哪儿，人们就会说“他在学习打招呼”，用来告诉你礼貌为先。

tablo suuf 沙 画

塞内加尔的艺术家会从历史故事、非洲的风景、古代和现在的生活中汲取创作灵感。

1

2

3

4

EL.ABDOU
MAME
5

6

7

8

9

10

11

12

13

14

你可以在第 207 页找到这些图片的说明。

词汇汇总

沃洛夫语—汉语

àttaaya	茶
bindkat	作家
déggal	服从
eleew	学生
fàttaliku	回忆
futbal	足球
guy	猴面包树
kuddu	勺子
léeb	童话
lijaasa	文凭
mbappat	摔跤比赛
misik	音乐
niroole	制服
njàng	学习
nuyoo	问候
raaya	国旗
tablo suuf	沙画
woykat	歌手
xew	时尚
yéeg	爬树
bind	写作
ceebu jën	米饭和鱼
doom	水果
estaad	球场
feet	聚会
gerte	花生
jàng	熟记
làkk	语言
lekk	吃
marse	市场
mbër	冠军
ndaanaan	艺术家
njaboot	家庭
njiitu-réew	总统
pentuur	绘画
simb gaynde	假狮子
tubaab	白人
xaalis	货币
xonjom	护符

这就是第 195 页阿米纳塔和莉莉的对话：

我的名字叫阿米纳塔，我 9 岁了。你会说沃洛夫语吗？

我的名字叫莉莉。我学习了一点沃洛夫语。

你是法国人吗？

是的，我昨天刚到塞内加尔。

我有芒果，我们一起吃吧。

谢谢，非常美味。

我要和朋友去海边。你也来吧！

好主意。这里天气很热，我希望能去游泳。

我有一个球，我们一起来玩吧！

我们出发吧！

❶ 在塞内加尔，人们使用各种尺寸的臼和杵，小的可以用来做饭，大的可以处理谷物。

❷ 作为世界名城，圣路易以殖民时期的房子闻名于世，特别是它们外墙的颜色和多彩的阳台。

❸ 在乡下，农民收割干草来喂马。

❹ 玻璃画以日常生活的场景为素材。

❺ 渔夫乘着涂有各种颜色的小船去深海捕鱼。

❻ 辛–萨卢姆三角洲形成了岛群，在岛上有很多红树林。红树是一种珍贵的树种。

❼ 达喀尔有很多车身被涂成黑黄相间颜色的出租车。乘客们可以同司机协商价格。

❽ 建于1894年的费代尔布大桥连接着圣路易岛和非洲大陆。

❾ 有些时候，玫瑰湖会变成奇怪的粉红色。湖水中含盐量很高，游泳者可以很轻松地浮在水面上。

❿ 塞内加尔的日常生活和节日都离不开音乐，塞内加尔人从小就能歌善舞。

⓫ 公交车上绘有各种彩色图案。车上很拥挤，有人会爬到车顶上。

⓬ 隆普勒市的小沙漠的细沙丘分散在一大片桉树林中。

⓭ 传统的茅草屋能很好地保持清凉。

⓮ 放牧者看护着成群的瘤牛。在旱季，他们将瘤牛赶到农村。

下次见！

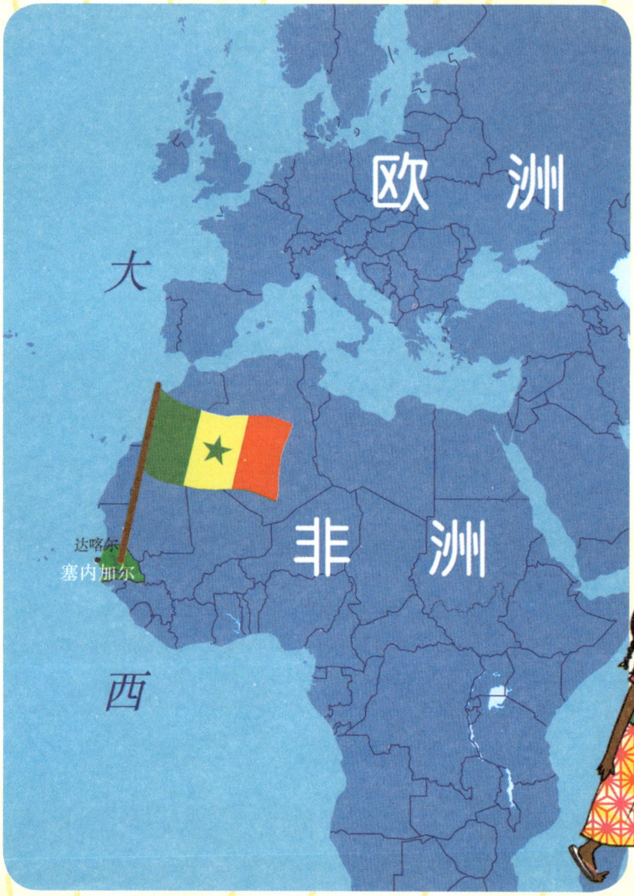
欧洲
大
西
达喀尔
塞内加尔
非洲

8

加入阳光秀美
童书书友会

扫一扫，加入阳光秀美童书书友会

只要完成以下两步，就能第一时间获得最新书讯和活动消息！

1. 扫二维码，关注阳光秀美童书馆公众号；

2. 成功关注后，发送您的微信号，就能敲开童书馆的大门！

更多亲子课堂、好书分享等你来哟！